Katie Elzer-Peters

REGROW

Neue Ernte aus Gemüseresten

Bassermann

Für meinen Mann Joe, der meinen Dschungel gießt und hütet, wenn ich auf Reisen bin.

ISBN 978-3-8094-4163-2

1. Auflage

Die Originalausgabe erschien auf Englisch unter dem Titel *No-waste Kitchen Gardening*

Projektleitung dieser Ausgabe: Dr. Iris Hahner
Umschlaggestaltung: Emily Weigel/Atelier Versen, Bad Aibling
Übersetzung: SAW Communications, Dr. Wolfgang Hensel
Redaktion und Producing: SAW Communications,
Redaktionsbüro Dr. Sabine A. Werner, Mainz
Satz: SAW Communications in Zusammenarbeit mit Katrin Pfeil, Mainz
Herstellung: Angelika Tröger

Verlagsgruppe Random House FSC® N001967

Printed in China

FSC
www.fsc.org
MIX
Paper from responsible sources
FSC® C008047

INHALT

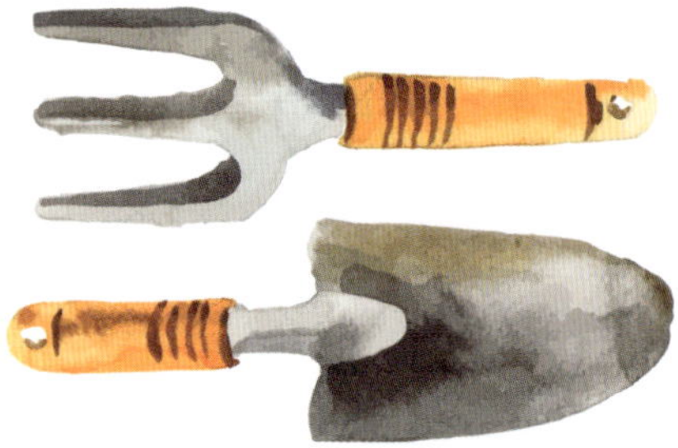

Einleitung

REGROW: PFLANZEN AUS ABFÄLLEN NACHWACHSEN LASSEN UND ABFALL VERMEIDEN

Es gibt Menschen, die schaffen es tatsächlich, mit weniger als einem Müllbeutel pro Jahr auszukommen. Für die meisten von uns ist dies wohl ein unerreichbares Ziel, aber alles, was wir tun, um Abfall zu vermeiden, ist im Hinblick auf die Umwelt ein Schritt in die richtige Richtung. Daher ist es sinnvoll, den eigenen Lebensstil einmal kritisch zu betrachten, um zu sehen, ob nicht manches im Haushalt einfach wiederverwendet werden kann. „Regrow", also „Pflanzen aus Küchenabfällen wieder nachwachsen lassen", ist dazu ein ebenso einfacher wie genialer Ansatz. In diesem Buch erfahren Sie, wie Sie Regrow im eigenen Küchengarten umsetzen und damit Ihre Abfallmenge reduzieren können – im besten Fall, bis für Ihren Haushalt „Zero Waste", also „Null Abfall" erreicht ist und einfach keinerlei Abfälle mehr entsorgt werden müssen.

Wer einmal damit angefangen hat, der kann die bestmögliche Abfallvermeidung mithilfe von Regrow nach einiger Zeit mühelos erreichen. Es macht einfach Spaß, schützt die Umwelt und ist für Jung und Alt gleichermaßen geeignet. Gründe, sich für Regrow zu entscheiden, gibt es viele: Manche Menschen sind durch ihre „grüne" Einstellung und den Wunsch motiviert, den Planeten zu schützen. Bei anderen steht eher der Gedanke umfassender Selbstversorgung im Vordergrund. Wer sich für Zero Waste in der Küche entscheidet, kann auf jeden Fall unabhängig von seiner persönlichen Motivation in der Praxis zwischen vielen Wegen wählen.

ZERO WASTE ALS LEBENSSTIL

Wer sich der Abfallvermeidung verschrieben hat, sucht stets nach Wegen, seinen Müll zu reduzieren, aber es liegt ihm auch daran, Wasser zu sparen und vielleicht Wohnung und Garten grüner zu machen. Dazu bieten sich viele Strategien an: Suchen Sie beim Einkaufen nach Produkten, deren Verpackungen sich recyceln lassen. Kaufen Sie, wenn möglich, große Gebinde und Produkte, die nicht eingepackt sind. Werfen Sie Grünabfall (Blätter, Zweige, Unkraut, Grasschnitt) nicht in den Restmüll, sondern in die Biotonne, oder legen Sie einen Komposthaufen an.

Wer kreativ vorgeht, findet viele Möglichkeiten, Wasser zu sparen oder wiederzuverwenden, um die Umwelt zu entlasten. Stellen Sie eine Regentonne auf, und nutzen Sie das Wasser zum Gießen des Gartens und der Beete. Wenn Sie die Dusche aufdrehen und es kommt zunächst nur kaltes Wasser, fangen Sie dieses im Eimer auf und gießen Sie damit die Zimmerpflanzen. Auch das Kochwasser von Nudeln oder Gemüse kann weiterverwendet werden. Lassen Sie es abkühlen, und gießen Sie damit die Gartenpflanzen.

Viele Küchenabfälle, wie Möhren, Zwiebeln und Salat, treiben wieder aus. Sparen Sie Zeit und Geld, und freuen Sie sich am Erfolg!

Obwohl Gärtnern als „grüne" Aktivität gilt, entsteht auch dabei eine Menge Abfall: Neue Pflanzen werden in Plastikcontainern geliefert, Mulch und Dünger in Plastiksäcken. Die Zero-Waste-Strategie geht jedoch weit über die Vermeidung solcher Plastikabfälle hinaus. Sammeln Sie den organischen Gartenabfall – Grasschnitt, Zweige, Einjährige aus dem Vorjahr und gejätetes Unkraut, und zerkleinern Sie das Material. Es kann als Mulch eingesetzt oder zu Kompost verarbeitet werden. Beides fördert die Bodenqualität.

Ziehen Sie neue Pflanzen aus Samen auf, anstatt Sie im Plastikcontainer zu kaufen. Erkundigen Sie sich nach Tauschbörsen für Pflanzen. Nutzen Sie alte Töpfe, Joghurtbecher und Frischhaltedosen, deren Deckel verschwunden sind, als Pflanzgefäße. Fragen Sie sich, bevor Sie etwas wegwerfen, stets, ob und wie Sie es wiederverwenden können. Alte Schubkarren lassen sich genauso wie Aktenschränke und andere

Möbelstücke in ungewöhnliche Pflanzkübel umfunktionieren, und alte Werkzeuge können als ungewöhnliche Kletterhilfen für Pflanzen zum Einsatz kommen.

Zero Waste bedeutet aber auch, nur genau so viel zu kochen, wie Sie essen möchten, beziehungsweise alles zu essen, was Sie kochen. Alles, was Sie eingekauft haben, wird möglicht vollständig verwertet. Wer jedoch Speisen vorrangig mit Obst und Gemüse zubereitet, behält eine Menge organisches Material übrig, das gewöhnlich auf dem Kompost endet.

Das muss aber gar nicht sein! Denn als ultimative Form der Abfallvermeidung können Sie es sich zunutze machen, dass viele pflanzliche Küchenabfälle wieder austreiben und gar nicht auf den Kompost müssen. Das ist extreme Abfallvermeidung!

NULL ABFALL DURCH REGROW

Damit sind wir beim Thema: einem Lebensstil, bei dem sogar potenziell kompostierbarer organischer Abfall wiederverwendet wird. Wenn Sie dieses Buch gelesen haben, werden Sie Läden, Bauernmärkte oder Rezepte mit anderen Augen sehen. Jedes Mal, wenn Sie zu Obst oder Gemüse greifen, werden Sie sich fragen: „Könnte das nachwachsen?"

Beim Kochen werfen wir regelmäßig Abfälle weg, die man eventuell noch verwenden könnte. Organischer Abfall aus den Zutaten für Suppen oder Salate muss nicht auf dem Kompost landen, sondern könnte auf dem Küchentisch oder draußen im Garten nachwachsen – dafür gibt es viele gute Gründe.

Warum sollten Sie Küchenabfälle kultivieren?

Sie sparen Geld. Wie viel Sie sparen, hängt davon an, was Sie essen und wie viel Arbeit Sie investieren möchten. Zum Beispiel treiben Kopfsalate teilweise wieder aus, womit Sie also das Geld gespart hätten, das Sie für einen Kopfsalat bezahlen. Frische Kräuter bereichern das Aroma vieler Gerichte, sind aber nicht billig. Glücklicherweise treiben viele Sorten aus den Zweigen aus, die man frisch auf dem Markt kaufen kann.

Sie haben immer frische Zutaten. Mit einer gut gefüllten Speisekammer können Sie rasch ein leckeres Essen zubereiten, ohne einkaufen gehen zu müssen. Allerdings sind es gerade die frischen Zutaten, vor allem Kräuter und grüne Keimlinge, die einem Gericht den letzten Schliff geben. Einige Töpfe mit Grünzeug auf der Fensterbank ersparen den Griff zu den getrockneten Gewürzen.

Sie vermeiden Bioabfall. Haben Sie einen eigenen Komposthaufen? Falls nicht, lesen Sie in Kapitel 1 nach. Kompostieren ist einfach und reduziert die organischen Abfälle. Außerdem verbessert nährstoffreicher Kompost den Gartenboden. Wer möglichst viele Küchenabfälle für neues Grün nachwachsen lässt und den Rest kompostiert, behält fast keine Abfälle für die Biotonne übrig.

Sie bekommen sichere Nahrungsmittel. In den letzten Jahren haben Krankheiten, die von Nahrungsmitteln hervorgerufen werden, zugenommen. Das gilt zum Beispiel für durch *E. coli* verursachte Darminfektionen nach dem Genuss von Salat, einem eigentlich als sicher geltenden Produkt. Solche Infektionen können die Folge von Düngemitteln sein, die auf Feldern versprüht werden, oder die Weiterverarbeitung kommerziell produzierter Lebensmittel. Das kann bei eigenem Gemüse von der Fensterbank oder aus dem Garten nicht passieren, über das Sie die volle Kontrolle haben.

Sie geben nichts für Gartenpflanzen aus. Einige Küchenabfälle treiben Wurzeln aus und lassen sich im Garten auspflanzen. Dort wachsen Sie zu vollwertigen, erntefähigen Pflanzen heran. Je mehr Pflanzen Sie bewurzeln, desto weniger Pflänzchen müssen Sie im Frühling kaufen und einpflanzen.

Sie haben Spaß! Es ist ebenso spannend wie befriedigend, Küchenabfälle, die eigentlich auf dem Kompost oder in der Tonne gelandet wären, im Garten oder auf der Fensterbank in produktive, wachsende Pflanzen zu verwandeln. Mir macht es eine besondere Freude, wenn ich sehe, wie Möhren wieder austreiben: Das Ergebnis ist hübsch und lecker zugleich.

BINDEN SIE DIE KINDER MIT EIN

Alle Vorschläge in diesem Buch sind auch für Kinder bestens geeignet, denn sie sind einfach umzusetzen, und der Erfolg ist beinahe garantiert. Damit lernen Kinder, wo ihr Essen herkommt und erfahren gleichzeitig etwas über Botanik und das Gärtnern. Das Kultivieren von Pflanzen aus Küchenabfällen kann auch ein spannendes Schulprojekt sein.

WIE DAS BUCH IHNEN HILFT

Das erste Kapitel stellt in Theorie und Praxis die Grundlagen für das Nachwachsenlassen von Pflanzen aus Küchenabfällen dar. Sie erfahren etwas über die Teile einer Pflanze, die Wachstumszyklen von essbaren Kräutern, Gemüse und Früchten und wie Sie diese Zyklen bei der Kultivierung nutzen können.

Danach folgen detaillierte Praxistipps zu bestimmten Pflanzen. In den einzelnen Kapiteln erfahren Sie, wie Pflanzen vermehrt werden, vom Bewurzeln der Gemüse in Wasser bis zum Sammeln von Samen, um daraus Keimpflänzchen für den Garten zu kultivieren. Ihre Küche wird nie mehr so sein wie vorher.

Der Küchengarten wartet – legen Sie los mit Regrow!

KAPITEL

1

Regrow im Küchengarten – Einführung in Theorie und Praxis

Pflanzen sind erstaunliche Lebewesen. Aus einem winzigen Samen entstehen mächtige Eichen oder lange Kürbisranken. Manche Pflanzen können Sie in Stücke schneiden, in Wasser stellen und darauf warten, dass Wurzeln austreiben. Andere Pflanzen wachsen, blühen, bilden Samen und sterben wieder ab – bis zum nächsten Jahr, wenn aus den Wurzeln neue Triebe ausschlagen. Solche Mehrjährigen oder Stauden überleben unter Umständen viele Jahrzehnte lang. Dagegen blühen einjährige Arten nur einmal auf und vergehen dann wieder, häufig nur einmal innerhalb einer Vegetationsperiode. Sie überleben aber sozusagen im Samen.

Je nach Art des Gemüses essen wir von der Pflanze Samen, Wurzeln, Blätter, Sprosse oder umgewandelte Sprosse. Sie müssen das Pflanzenteil identifizieren, welches Sie kultivieren möchten, und wissen, an welcher Stelle des pflanzlichen Lebenszyklus es steht. Damit haben Sie die Information, die Sie für die Kultivierung brauchen.

Dieses Buch behandelt bei Weitem nicht alle Pflanzen, die nachwachsen können. Ich habe mich weitgehend auf die Arten beschränkt, deren Kultivierung einfach ist und die produktiv sind. Es geht schließlich beim Kultivieren von Obst und Gemüse aus Küchenresten auch um den Spaß, den man dabei hat. Mithilfe der Informationen in diesem Kapitel sollte es Ihnen aber gelingen, auch nicht besprochene Pflanzen zu kultivieren.

DIE PFLANZENTEILE: DIE SPROSSE BEWURZELN UND DIE BLÄTTER ESSEN

Wer sich näher mit den Feinheiten der Zero-Waste-Lebensweise befassen möchte, muss ein grundsätzliches Prinzip berücksichtigen: **Ein Pflanzenteil kann nur dann nachwachsen, wenn es eine wachstumsfähige Sprossknospe (Meristem) enthält.**

Spitzenknospen („Apikalmeristem") und Seitenknospen des Sprosses sind bei den einzelnen Arten unterschiedlich ausgeprägt und können an unterschiedlichen Teilen der Pflanze sitzen. Wurzeln wachsen, anders als Sprosse, nur an ihrer Spitze. Mehr darüber erfahren Sie bei den einzelnen Pflanzenbeschreibungen. Wenn Sie ein Pflanzenteil kultivieren möchten, müssen Sie zuerst ein Meristem identifizieren, aus dem neue Sprosse, Zweige und/oder Blüten auswachsen können.

Die wachsende Spitze des Staudenselleries sitzt verborgen zwischen den Blattstielen, die wir essen.

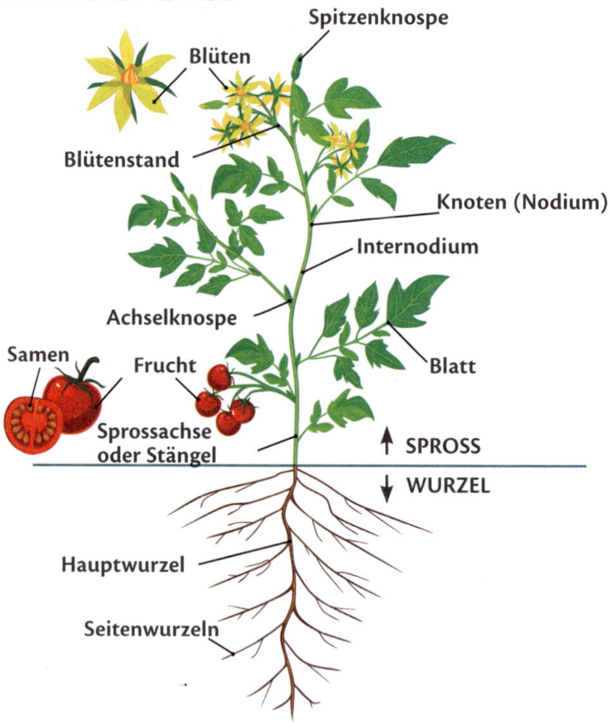

Wurzeln

Pflanzen nehmen mit ihren unterirdisch wachsenden Wurzeln Wasser und Nährstoffe auf. Diese wachsen mit einem Meristem an der Spitze und bohren sich so immer tiefer in die Erde hinein. Da ihnen die seitlichen Achselknospen der Sprosse fehlen, bilden sich nur neue Wurzelgemüse, wenn die Pflanzenreste intakte Sprossanteile enthalten – mit oder ohne Blätter.

Charakteristische Wurzelgemüse sind:

- Rote Bete
- Möhren
- Pastinaken
- Rettiche und Radieschen
- Kohlrüben
- Süßkartoffeln
- Steckrüben
- Yamswurzeln

Dies sind einige meiner nachwachsenden Lieblingswurzelgemüse: Rote Bete, Möhren, Steckrüben, Pastinaken und Rettiche. Sie werden zwar keine Möhren ernten können, aber immerhin leckere grüne Blätter.

Aus einer einzigen Süßkartoffel wachsen mehrere Wurzelknollen nach.

Essbare Wurzeln treten in zwei Formen auf: als Pfahlwurzeln oder Wurzelknollen. Die meisten Wurzelgemüse, wie Möhren, Rüben und Rettiche, bilden Pfahlwurzeln. Solange der oberirdische Sprossanteil enthalten bleibt, dürfen Sie sich zumindest auf neue Blätter freuen. Die Pfahlwurzel wächst nicht nach.

Süßkartoffeln und Maniok bilden Wurzelknollen. Im Unterschied zu den Gemüsen mit Pfahlwurzeln können Sie aus einem Stück der Knolle eine neue Pflanze kultivieren. Dies ist nicht schwierig, erfordert aber viele Einzelschritte (siehe Kapitel 2).

Stängel

Stängel oder Sprossachsen wachsen gewöhnlich oberirdisch, es gibt allerdings auch Formen, die teilweise oder ganz im Boden wachsen. Im Unterschied zur Wurzel haben Stängel nicht nur ein Apikalmeristem, sondern auch seitliche Knospen, aus denen Seitentriebe und Blüten – und daraus Früchte und Samen – wachsen. Der Stängel trägt die Blätter, Blüten, Früchte und Samen. Die Gesamtheit aller oberirdischen Teile wird als Spross oder Sprosssystem bezeichnet.

Ein Baumstamm ist also nichts weiter als ein sehr großer Stängel mit Zweigen und Blättern. Was hat das mit essbaren Pflanzen zu tun? Jedes Gemüse mit Seitentrieben oder Blättern ist ein Spross, hat also auch eine wachsende Spitze. Ein Spross ohne Knospen, aus denen neue Triebe auswachsen können, ist nicht vollständig.

Stängel sind die kompliziertesten Pflanzenteile, da sie unterschiedlichste Formen aufweisen können und viele Bestandteile haben. Zu den Stängel- oder Sprossgemüsen gehören unter anderem:

- Lauch- und Frühlingszwiebeln
- Kohlrabi
- Porree

Porree ist ein Stängelgemüse.

Ganze Pflanzen können wie Stängel aussehen, das gilt für Gemüse und Obst. Hierzu zählen zum Beispiel:

- Staudensellerie, die Sprossachse ist zwischen den Blattstielen verborgen
- Salat, wenn Sie einen kompletten Kopf kaufen
- Ananas (die Spitze)

Unterirdische, modifizierte Sprosse

Die ganze Angelegenheit wird noch komplizierter durch die Tatsache, dass manche Sprosse vorwiegend unterirdisch wachsen. Worin unterscheiden diese Sprosse sich von Wurzeln? Alle unterirdischen Sprossachsen haben Knospen (oder „Augen"), aus denen Seitensprosse und Blätter auswachsen können. Dazu gehören folgende Sprosse:

- **Sprossknollen** sind fleischige Sprossen. Ein gutes Beispiel sind Kartoffeln, deren „Augen" in Wirklichkeit kleine Seitenknospen sind.
- **Rhizome** sind horizontal wachsende, unterirdische Sprosse mit Knospen. Sie sind oft fleischig, aber weniger ausgeprägt als Kartoffeln. Ingwer ist ein Rhizom.
- **Zwiebeln** sind ebenfalls modifizierte, unterirdisch wachsende Sprosse. Die Sprossspitze liegt gut geschützt zwischen den Zwiebelschuppen, die verdickte Blätter sind. Bei den Küchenzwiebeln essen wir also modifizierte Blätter.

Blätter

Blätter bestehen aus zwei Teilen, der Blattspreite (dem eigentlichen „Blatt") und dem Blattstiel, der an der Sprossachse ansitzt.

Es gibt einfache und zusammengesetzte Blätter. Einfache Blätter bestehen nur aus einer Blattspreite an einem Blattstiel. Zwischen Blattstiel und Sprossachse sitzt eine Achselknospe – dieser Abschnitt wird Knoten (*Nodium*) genannt. Zusammengesetzte Blätter bestehen aus mehreren Teilblättchen oder Fiedern, die ebenfalls über den Blattstiel mit der Sprossachse verbunden sind. Tomaten haben zusammengesetzte Blätter.

Die meisten Blattgemüse und Kräuter sind leicht daran zu erkennen, dass ihre essbaren Blätter Baumblättern ähneln. Manche Blattgemüse, wie Salat und Kohl, werden als intakte Pflanze verkauft. Andere, etwa frische Kräuter wie Basilikum, Koriander und Rosmarin, haben zumindest noch einen intakten Stängel. Blattgemüse treiben nur dann wieder aus, wenn sie noch einen Teil des Sprosses enthalten.

Bekannte Blattgemüse

- Basilikum
- Kohl (in Form von Köpfen oder Sprossen)
- Koriander
- Blattkohl
- Dill

Die hier gezeigten Blätter von Dill, Salat und glatter Petersilie gehören zu den nährstoffreichsten essbaren Gemüseteilen.

- Endivien
- Grünkohl (als Einzelblätter oder Blätter am Stängel)
- Salat (Lose Salatblätter bilden keine Wurzeln und Kopfsalat nur dann, wenn der Spross noch intakt ist.)
- Mangold (Einzelblätter mit breiten Blattstielen, keine Stängel)
- Petersilie
- Rosmarin
- Spinat
- Thymian

Bekannte Blattstielgemüse

Bei einer Reihe von beliebten Gemüsesorten, wie Staudensellerie oder Rhabarber, essen wir die Blattstiele. Staudensellerie wird als intakte Pflanze verkauft, die sich wieder bewurzelt, wenn die Basis noch vorhanden ist. Vom Rhabarber werden nur die Blattstiele verkauft, die keine Wurzeln bilden.

Nicht vergessen: Pflanzen ohne intakte Sprossspitze oder Seitenknospen treiben nicht mehr aus.

Als „Artischocken" essen wir die Blütenstände, bevor sich die Blüten öffnen.

Dieser Brokkoli ist erntereif. Wenn er zu blühen beginnt, ist es zu spät für die Ernte.

Blüten

Viele Menschen sind überrascht, wenn Sie erfahren, wie oft wir Blüten essen. In der Tat sind einige beliebte Gemüse Blüten, Blütenstände, also Pflanzenteile mit zahlreichen winzigen Einzelblüten, oder Blüten an Stielen.

Blüten sind die Fortpflanzungsorgane der Pflanzen. Dabei stellen sie so etwas wie ein „Zwischenstadium" zwischen Sprosswachstum und Samenbildung dar. Während Sprosse mit Spitzenknospe kontinuierlich weiterwachsen, ist die einzige Aufgabe einer Blüte die Produktion von Samen. Diese enthalten zwar die komplette Information für eine neue Pflanze, die Blüten selbst wachsen jedoch nicht mehr nach.

Sobald eine Pflanze zur Blütenbildung übergeht, lässt sich der Vorgang kaum noch stoppen. Wenn eine Gemüsepflanze zu blühen beginnt, können Sie nur auf die Samen warten, die Sie aussäen können, oder die Pflanze auf den Kompost werfen.

Aus diesem Grund müssen Stecklinge, die sich bewurzeln sollen – beispielsweise Kräuter –, geschnitten werden, ehe die Blütenbildung einsetzt. Stecklinge von einem blühenden Basilikum brauchen enorm lange, bis sie wieder Blätter bilden, denn die Pflanze ist im „Blühmodus". Wenn Sie einen Brokkolikopf in Wasser stellen, öffnen sich die kleinen Blüten, Wurzeln werden nicht gebildet.

Blüten, die wir essen

- Artischocken
- Brokkoli
- Blumenkohl

Früchte und Samen

Viele unserer „Gemüse" sind eigentlich Früchte. Alle Pflanzenteile, die Samen enthalten, sind im botanischen Sinn Früchte. Manchmal sitzen die Samen außen auf den Früchten, zum Beispiel bei der Erdbeere.

Bekannte essbare Früchte und Samen sind beispielsweise:

- Apfelsinen
- Auberginen
- Avocados
- Bananen
- Bohnen (frisch, wie Buschbohnen)
- Bohnen (getrocknet)
- Brombeeren
- Erbsen
- Erdnüsse
- Gurken
- Himbeeren
- Kichererbsen
- Mais
- Melonen
- Mungbohnen
- Paprika
- Puffmais
- Tomaten
- Wassermelonen
- Zucchini

Avocados sind Früchte.

Experimente mit Samen sind ein lohnender Versuch, neue Pflanzen zu kultivieren. Sie können einen Apfel halbieren und auf Wurzelbildung warten, oder Sie holen die Samen heraus, bereiten sie vor und säen sie wieder aus. Trockene Samen werden direkt aus der Frucht entfernt und ausgesät, trockener Mais, trockene Erbsen und Erdnüsse eignen sich gut. Fleischige Samen sind noch nicht ausgereift und wachsen nicht. Zucchini oder Bananen enthalten keine trockenen Samen, weil wir sie bereits vor diesem Stadium ernten und essen. Die Samen von Wassermelonen können aber sehr wohl ausgesät werden.

Probieren Sie es im Zweifelsfall einfach aus! Genau das ist die Kernbotschaft dieses Buches. Sie werden erstaunt sein, wie viele ungewöhnliche Früchte oder Gemüse aus dem Laden Sie wieder zum Leben erwecken können. Dazu müssen Sie aber ein paar grundlegende Tatsachen über das Pflanzenwachstum kennen.

SO WACHSEN PFLANZEN

Obwohl fast alle essbaren Pflanzen zu den Blütenpflanzen gehören und ähnliche Lebenszyklen haben, gibt es doch einige Unterschiede.

Der Lebenszyklus einer Pflanze

1. Ein Samen landet durch natürliche oder künstliche Aussaat auf dem Boden.
2. Der Samen keimt aus, wächst und bildet Blätter.
3. Schließlich bildet die Pflanze Blüten, womit sie in das Stadium der Reproduktion übergeht. Von nun an fließt alle Energie in die Samenbildung.
4. Die Blüten öffnen sich und werden vom Wind, Insekten oder anderen Tieren bestäubt.
5. Der Fruchtknoten am Boden der Blüte schwillt an und wird zur Frucht, darin reifen die Samen heran.
6. Die reifen Samen werden verbreitet. Damit beginnt ein neuer Lebenszyklus.

PFLANZEN NACHWACHSEN LASSEN

Die Ernte im Zero-Waste-Küchengarten liefert durchaus nicht immer eine „Kopie“ des gekauften Gemüses.

In einem Gartencenter kauft man Samen oder Jungpflanzen ein, die sofort im Garten oder im Topf gesät oder eingepflanzt werden können. Letztlich erwirbt man eine Pflanze im frühen Stadium ihres Lebenszyklus und verfolgt, wie sie sich entwickelt.

Der Fruchtknoten einer Blüte schwillt an und wird zur Frucht. Unterhalb der Zucchiniblüte ist der Beginn dieses Fruchtwachstums zu erkennen.

Die Kultivierung einer nachwachsenden Pflanze aus Gemüseresten ist aber ein ganz anderer Fall. Das Gemüse wurde geerntet, um gegessen zu werden, ein Einpflanzen war nicht vorgesehen. Daher sollten Sie keine komplett neue Pflanze erwarten, sondern das jeweilige Stadium im Lebenszyklus der Pflanze möglichst geschickt für Ihre Zwecke nutzen. Beispielsweise wird der Rest einer Möhre keine neue Hauptwurzel, sondern Blätter bilden, die man in Salaten verwenden kann. Die Möhren aus dem Supermarkt haben den Punkt in ihrem Lebenszyklus bereits überschritten, an dem sie Speicherwurzeln bilden. Ein Zero-Waste-Küchengarten macht also das Beste aus dem jeweilig vorhandenen Stadium im Lebenszyklus einer Pflanze.

PFLANZENVERMEHRUNG

Es gibt unterschiedliche Techniken, um aus alten Pflanzen neue zu machen. In der Natur vermehren sich Pflanzen über:

- die Verbreitung ihrer Samen, die über das Blütenstadium in den Früchten entstehen.
- Wachstum und Ausbreitung der Wurzeln.
- Wachstum anderer Pflanzenteile, die sich bewurzeln und zu neuen Pflanzen heranwachsen.

Das letzte Prinzip wird vegetative Vermehrung genannt und ist das Mittel der Wahl für Gärtner und im Zero-Waste-Küchengarten.

Aus Roter Bete mit Spross wachsen zahlreiche Blätter für Salate oder zum Dünsten nach.

Viele unserer Obstsorten basieren auf sogenannten gepfropften Pflanzen. Dabei wird der Zweig einer Edelsorte (hier die Apfelsorte „Honeycrisp“) abgeschnitten und mit dem Spross („Unterlage“) einer krankheitsresistenten anderen Sorte verbunden („gepfropft“).

Vegetative Vermehrung: nachwachsende Pflanzen und Pflanzenteile

Einige Pflanzenteile bewurzeln sich wieder, sobald sie in Wasser oder Erde gesteckt werden. Das ist das Prinzip der vegetativen Vermehrung. Wie Sie diesbezüglich im Einzelnen vorgehen müssen, erfahren Sie detailliert in den folgenden Kapiteln dieses Buches. Die vegetative Vermehrung führt zu drei möglichen Ergebnissen:

- Eine komplette neue Pflanze entsteht, die geerntet werden kann. Kartoffeln sind das beste Beispiel, es funktioniert aber auch mit Zwiebeln, Ingwer und Staudensellerie.
- Der Pflanzenrest wächst. Beispielsweise können Sie einen Salatkopf in Wasser stellen, ihn wachsen lassen und die neuen Blätter ernten. Das klappt aber nur, wenn die Basis des Kopfes noch intakt ist.
- Der Pflanzenrest bildet etwas völlig Neues. Das passiert vor allem dann, wenn die Sprossanteile von Wurzelgemüse – Möhren, Rüben, Rettich oder Rote Bete – eingepflanzt werden. Solche Gemüse werden wegen der Speicherwurzeln gekauft, es wachsen aber „nur" Stängel und Blätter nach, die für Salate geerntet werden.

Viele essbare Pflanzen werden vegetativ vermehrt. In der Praxis schneidet man ein Sprossstück (Schnittling oder Steckling) einer Pflanze ab, das sich entweder selbst bewurzelt oder mit einer Unterlage verbunden („Pfropfen") wird. Zahlreiche Obstsorten, vor allem Äpfel, lassen sich nur vegetativ, durch Pfropfen, vermehren. Wenn Sie Samen aus einem Granny-Smith-Apfel herauslösen und in die Erde stecken, wächst sicher kein Apfelbaum heraus, der Granny-Smith-Äpfel trägt. Auch Zitrusgewächse werden fast ausschließlich über Pfropfung vermehrt. Sie könnten zwar die Samen aus einer Apfelsine auslösen, aber welche Frucht sich daraus entwickelt, ist völlig offen. Zitrusgewächse sind die Produkte von unglaublich komplizierten Kreuzungen, und viele werden anschließend vegetativ vermehrt. Die Familie der Zitrusgewächse ist in dieser Hinsicht besonders spannend!

WERKZEUGE, MATERIAL UND ZUBEHÖR

Jetzt, da Sie die Grundlagen der Botanik hinter der Abfallvermeidung im Küchengarten kennen, sollten Sie sich das erforderliche Material besorgen, um Ihre Lieblingsfrüchte und -gemüse zu kultivieren.

Versuchen Sie auch dabei, Abfall möglichst zu vermeiden, und suchen Sie zum Beispiel nach wiederverwendbaren Töpfen oder nutzbaren Lücken im Gartenbeet. Verschenken Sie Samen und vermehrte Pflanzen an Freunde und Nachbarn.

Da das vorliegende Buch nicht als umfassende Einführung in die Gartenarbeit gedacht ist, werden im Folgenden nur die wichtigsten Techniken beschrieben, die für die Kultivierung nachwachsender Pflanzen erforderlich sind. Mein Ziel ist es, die Pflanzen, die Sie ohnehin als Zutaten verwenden, noch besser auszunutzen. Falls Sie an ausführlichen Anleitungen zur Gartenarbeit – ob drinnen oder draußen –, an Werkzeugen und jahreszeitlichen Arbeiten interessiert sind, finden Sie darüber eine Vielzahl an informativen Büchern. Ein paar meiner Lieblingsbücher stehen unter den Quellen auf Seite 124.

Die Kultivierung nachwachsender Pflanzen gleicht eher einem wissenschaftlichen Experiment als konventioneller Gartenarbeit. Legen Sie sich daher wie ein Forscher das nötige Handwerkzeug bereit, um jederzeit loslegen zu können.

Behälter und Töpfe

Für die Bewurzelung in Wasser brauchen Sie flache Anzuchtschalen, Gläser, kleine Schüsseln, Deckelgläser in unterschiedlichen Größen und eine oder zwei Vasen mit breiter Öffnung.

Sammeln Sie für das Wachstum in Erde Töpfe und Gefäße mit Drainagelöchern im Boden. Ideal sind Topfgrößen zwischen 10 und 60 cm Durchmesser, je nachdem, was Sie kultivieren möchten. Auch Untersetzer, um das Gießwasser aufzufangen, und durchsichtige Deckel für die Töpfe sind hilfreich. Wenn Sie viele Samen auf einmal kultivieren möchten, lohnt sich eine Anzuchtschale mit Deckel und Untersetzer, um das Gießwasser aufzufangen.

Ich benutze regelmäßig alte Kunststoffkisten oder -verpackungsdosen mit Deckel für die Keimung, zum Beispiel für Bohnen und Gewürze, aber auch andere Samen.

Substrat

Ich empfehle für die meisten Projekte steriles Torfsubstrat. Es darf weder Bakterien noch Pilze enthalten, sonst besteht die Gefahr, dass die Pflanzen faulen.

Werkzeuge

Für die Arbeit mit nachwachsenden Pflanzen brauchen Sie nur wenige Werkzeuge. Sollten Sie diese gerade nicht zur Hand haben, behelfen Sie sich anders. Wichtig sind ein scharfes Messer, um Sprosse abzuschneiden, eine Schere, um die Pflanzen zu trimmen, eine Gießkanne, eine Sprühflasche zum Einnebeln und ein Sieb, um die Samen zu säubern. Falls Sie Nüsse oder Steinkerne säen wollen, kommt noch ein Nussknacker dazu.

Für den Garten benötigen Sie ein Pflanzmesser oder eine Handhacke zum Einpflanzen und einen vierzackigen Kultivator zum Lockern des Bodens. Zum Gießen reicht eine Gießkanne, auf größeren Flächen erleichtert ein Schlauch mit Gießstab die Arbeit.

Sonstiges Material

Legen Sie sich einen kleinen Vorrat von Dingen an, die Sie regelmäßig brauchen. Kaufen Sie eine Schachtel mit stabilen Zahnstochern – keine zarten Stäbchen –, um Gemüsestücke und Samen zu fixieren. Legen Sie eine Rolle Küchenpapier und Klarsichtfolie bereit, um die Umgebung einer keimenden Pflanze feucht zu halten. Desinfizieren Sie Schere, Messer und Töpfe vor dem Schnitt und dem Einpflanzen mit Lysol® oder Isopropylalkohol.

Was Sie sonst noch brauchen, wird bei den einzelnen Projekten vorgestellt.

METHODEN

Die folgenden Kapitel sind nach den jeweiligen Pflanzenteilen gegliedert, die nachwachsen sollen. Es werden darin auch die erforderlichen Techniken vorgestellt. Falls Sie Infos zu einer bestimmten Pflanze suchen, sehen Sie im Register nach, es kann übrigens mehr als nur eine mögliche Technik geben! Als Einstimmung hier zunächst eine kurze Zusammenfassung dessen, was Sie erwartet.

In Erde nachwachsende Wurzeln und unterirdische Sprosse

Für das Wachstum in Erde schneiden Sie einen Abschnitt der Pflanze ab, pflanzen Sie ihn ein, und verfolgen Sie, wie er wächst – vergessen Sie das Gießen nicht. So einfach ist das! Das Ergebnis ist bei unterschiedlichen Pflanzenarten recht verschieden, aber die Arbeit macht Spaß und ist simpel.

In Erde nachwachsende Sprosse und modifizierte Sprosse

Gehen Sie so vor wie bei Wurzeln und unterirdisch wachsenden Sprossen. Hier kommt es aber darauf an, dass die Sprossabschnitte bewurzelt sind. Auch hier hängt das Ergebnis von der Pflanzenart ab.

In Wasser nachwachsende Sprosse und ganze Pflanzen

Manchmal müssen Sie Spross oder Sprossabschnitt einfach nur in ein Glas Wasser stellen. Unterschiedliche Vorgehensweisen im Einzelnen richten sich danach, was Sie mit dem nachwachsenden Produkt machen möchten. Sie können die Erntezeit verlängern, indem Sie die Pflanzen(-teile) für eine weitere Entwicklung in Erde einpflanzen.

Keimprobe und Vorkeimen von Samen

Bevor die Samen im Garten ausgestreut werden, zeigt eine Keimprobe mit wenigen Samen, wie gut sie auskeimen.

Material:
Sie brauchen Samen, Küchenpapier und einen Plastikbehälter mit Deckel oder einen Druckverschlussbeutel.

1. Feuchten Sie drei Papiertücher an.
2. Legen Sie die Papiertücher jeweils zur Hälfte aufeinander auf den Boden eines Plastikbehälters, die andere Hälfte der Tücher hängt heraus.
3. Legen Sie drei Samen von jeder Sorte auf das feuchte Papier.
4. Schlagen Sie die heraushängenden Papierhälften über die Samen.
5. Drücken Sie den Deckel auf den Behälter.
6. Stellen Sie den Behälter für 4–6 Tage an einen warmen, dunklen Ort (Küchenschränke sind gut geeignet).
7. Überprüfen Sie, welche Samensorte ausgekeimt ist – diese Samen werden in den Garten gesät!

Samen kultivieren

Vermutlich denkt man bei nachwachsenden Pflanzen nicht unbedingt an die Aussaat von Samen, aber dieses Vorgehen gehört ebenfalls zur Zero-Waste-Strategie. Beim Zubereiten von Gemüse fallen häufig ein paar Samen an – beispielsweise vom Riesenkürbis. Auch Samen, die als Gewürz genutzt werden, oder Puffmais lohnen einen Versuch. Alle Samen werden direkt in Erde gesät mit Ausnahme der Avocado, ihr Samen wird in Wasser gelegt. In der Regel ist es sinnvoll, vor der Aussaat zunächst eine Keimprobe zu machen (siehe S. 24).

Die oben geschilderten Praxistipps zur Kultivierung von nachwachsenden Früchten oder Gemüse beschreiben nur den ersten Schritt. Will man von einer längeren Ernte profitieren, werden die Pflanzen in einen größeren Topf oder ins Freiland umgesetzt – Genaueres finden Sie bei den Porträts der einzelnen Pflanzen.

WEITER KULTIVIEREN – DRINNEN UND DRAUSSEN

Damit die weitere Kultivierung von nachwachsenden Gemüseresten erfolgreich verläuft, hier ein paar Grundlagen sowohl für drinnen als auch für draußen.

Die Grundlagen des Gemüsekultivierens

Boden: Für die Zimmerkultur eignet sich am besten Torfsubstrat. Im Garten prüfen Sie am besten zuerst den pH-Wert des Bodens. Er sollte weder zu basisch (pH-Wert höher als 8,0) noch zu sauer (pH-Wert niedriger als 5,5) sein. Gartencenter bieten Bodentester an, einfache Testsets für den Boden-pH-Wert. Es lohnt sich immer, den Gartenboden mit Kompost anzureichern, mehr Informationen über Kompost folgen später in diesem Kapitel. Lockern Sie den Boden außerdem 10–15 cm tief mit dem Kultivator oder einem Rechen auf.

Licht: Alle Gemüsepflanzen gedeihen draußen am besten in voller Sonne. Blattgemüse der kühleren Regionen profitiert bei warmem Wetter von leichtem Schatten. Bei der Zimmerkultur sollten Sie in Betracht ziehen, eine künstliche Lichtquelle zu installieren, um über längere Zeit schmackhaftere Produkte zu ernten. Der Handel bietet kleine Tischgeräte an, die wie ein Bücherregal aussehen und mit Leuchtmitteln die Pflanzen in den Fächern beleuchten. Falls Sie sich (noch) nicht so viel Mühe machen möchten, stellen Sie die Pflanzen an den sonnigsten Platz im Zimmer.

Wasser: Die meisten Gemüsepflanzen brauchen einen gleichmäßig feuchten Boden. Die Erde sollte sowohl drinnen als auch draußen ungefähr so feucht sein wie ein ausgedrückter Schwamm. Um diese gleichmäßige Feuchtigkeit zu gewährleisten, müssen Sie je nach Wetter häufiger oder seltener gießen.

Dünger: Ein paar Stecklinge, die für eine kleine Ernte in Wasser oder Erde wachsen, brauchen keinen Dünger. Falls Sie jedoch Gemüse oder Obst für eine ganze Vegetationsperiode im Garten kultivieren möchten, kommen Sie nicht um Dünger herum. Auch hierzu finden Sie Genaueres bei den einzelnen Pflanzenporträts.

Kultivierung im Zimmer oder Garten?

Bei den Anweisungen in diesem Buch wird stets zwischen Pflanzen unterschieden, die im Zimmer, und solchen, die im Garten wachsen. Manche Pflanzen werden irgendwann schlicht zu groß für die Kultivierung im Zimmer. Falls Sie ein Solarium haben, könnten Sie das zum Gewächshaus umfunktionieren und darin einen wahren Dschungel aus Kürbissen, Erdnüssen, Kartoffeln und Süßkartoffeln anlegen. Ein unbegrenztes Budget für Strom vorausgesetzt, lässt sich selbst ein großer Keller in ein gut beleuchtetes Gewächshaus für eigenes Gemüse verwandeln.

In der Regel werden Sie aber wohl nachgewachsenes Gemüse so lange nutzen, bis es auf dem Kompost landet. Setzlinge und Jungpflanzen pflanzen Sie in den Garten um oder säen Samen direkt ins Freiland. Bei jedem Pflanzenporträt finden Sie Hinweise, welche Methode am besten geeignet ist und am meisten Spaß macht.

KOMPOSTIEREN: ENDE UND ANFANG ZUGLEICH

Nichts ist für die Ewigkeit, das gilt auch für nachwachsendes Gemüse: Irgendwann gelangen Sie an einen Punkt, an dem nichts mehr geht: Der Salat schießt, und die Roten Bete bilden keine grünen Triebe mehr. Was dann? Kompostieren!

Kompost ist sozusagen Gold in Form von Erde. Er ist die Allzwecklösung für viele Gartenprobleme. Der Boden trocknet zu schnell aus? Kompost hält das Wasser im Boden. Der Boden ist zu schwer und zu feucht? Kompost lockert die Bodenstruktur auf. Der Regen wäscht die nützlichen Nährstoffe rascher wieder aus, als sie nachgeliefert werden? Kompost bindet sie. In manchen Regionen ist es sinnlos, den Boden zu düngen, da der Regen den Dünger wieder auswäscht. Auch hier löst Kompost das Problem.

Kompost ist organisches Material – Gemüseschalen, die Spitze einer Rübe, Eierschalen, Kaffeesatz, zerkleinerte Blätter, Grasschnitt, Zeitungspapier – das von den natürlichen Mikroorganismen im Boden zersetzt worden ist. Erst wenn die Organismen die festen Bestandteile durch ihre eigene „Verdauung" bis auf die Bausteine abgebaut haben, können die Pflanzen sie als Nährstoffe aufnehmen. In noch nicht zersetzter Form nutzen Pflanzenreste dem Boden nichts, der Kompost hingegen liefert ihm die Nährstoffe in verwertbarer Form. Gleichzeitig werden die Mikroorganismen des Bodens auf diese Weise ernährt und behalten die Fähigkeit, organisches Material, wie gefallenes Laub oder Zweige, zu zersetzen. Der Garten ist ein Netzwerk aus miteinander verbundenen Organismen.

Kaufen Sie sich einen Kompostsammler, oder nutzen Sie einen gut schließenden Eimer.

Kompostsammler in der Küche

Wenn Sie den Küchenabfall spürbar reduzieren wollen, dann nutzen Sie einen praktischen Kompostsammler, in dem die Abfälle bleiben können, bis Sie auf dem Kompost landen. Ein Eimer unter der Spüle eignet sich hervorragend dafür. Legen Sie ihn mit Zeitungen aus, und decken Sie jede neue Schicht Abfälle mit Papier ab. Falls Sie ihn nicht regelmäßig leeren, streuen Sie ein wenig Aktivkohle darüber, um die Gerüche zu binden.

Der Handel bietet kommerzielle Modelle aus Keramik oder Metall mit dicht schließenden Deckeln an. Manche sind belüftet und haben Aktivkohlefilter, um den Geruch zu binden. Sie sind zwar nicht teuer, aber meistens auch nicht besonders groß. Wählen Sie ein Modell aus, das zur Menge der bei Ihnen anfallenden Küchenabfälle passt.

Das waren die Grundlagen – los geht's mit dem nachwachsenden Gemüse!

KAPITEL

2

Regrow von Wurzeln und unterirdischen Sprossen

GEEIGNET SIND:

- Kartoffeln
- Ingwer
- Gelbwurz
- Süßkartoffeln
- Möhren
- Rote Bete
- Rüben
- Rettiche und Radieschen

Wenn alte Kartoffeln im dunklen Vorratsschrank zu keimen begonnen haben, werfen Sie sie nicht auf den Kompost. Schneiden Sie die Knollen auseinander, und ernten Sie so neue Kartoffeln. Was ist mit den schrumpeligen Möhren daneben? Sie können tatsächlich nachwachsen. Sie dürfen zwar keine neuen Möhren erwarten, aber immerhin grüne Blätter als Zutat für Suppen und Salate. Außerdem macht es Spaß, das Wachstum der grünen Blätter zu betrachten.

Nicht alle unterirdischen Pflanzenteile sind Wurzeln. Zu den echten Wurzeln gehören die Möhren (Hauptwurzel) oder Süßkartoffeln (Wurzelknollen), während Kartoffeln, botanisch betrachtet, verdickte Sprosse sind.

Der wichtigste Unterschied zwischen Wurzeln und Sprossen sind die Knospen oder Augen, die beim Spross an vielen Stellen auftreten. Verdickte Hauptwurzeln und Wurzelknollen haben keine Knospen, diese sind dort auf die Wurzelkrone beschränkt, den Übergang zum Spross. **Der Unterschied wird beim Vergleich von Möhren und Kartoffeln deutlich, und dieser Unterschied bestimmt auch entscheidend darüber, wie das Gemüse nachwächst.**

Suchen Sie stets nach den „Augen" oder Sprossknospen: Nur die Stücke mit solchen Meristemen können nachwachsen. Wenn Sie ein Kartoffelstück ohne Augen einbuddeln, wächst es nicht nach, sondern verrottet – das ist gut für den Kompost, aber nicht für die Küche.

Bewurzeln Sie Ihre Süßkartoffel selbst, auf Seite 51 steht, wie's geht.

MÖHREN

Die orangefarbene Speicherwurzel wächst zwar nicht nach, aber immerhin geschieht das mit den grünen Blättern, die gut in Salaten, gedünstet mit etwas Knoblauch oder in Suppen schmecken. Möhren sind zweijährige Pflanzen, die ihre Speicherwurzeln nur im ersten Jahr bilden. Da die Möhren für den Verkauf in ihrem zweiten Jahr geerntet wurden, wächst die Hauptwurzel nicht mehr nach. Bliebe die Möhre im Boden, würde im zweiten Jahr ein Blütenstängel austreiben, an dem Blüten und Samen entstehen.

Manche Möhren werden behandelt, damit sie im Laden nicht austreiben – solche Exemplare wachsen nicht mehr nach. Zum Nachwachsen müssen bestimmte Kriterien erfüllt sein. Auf der sicheren Seite sind Sie mit Möhren, die intakte Blätter haben – die werden aber nicht überall angeboten. In dem Fall suchen Sie nach Möhren mit einem bräunlichen bis schwärzlichen Fleck an der Spitze. Das ist der Sprossrest. Möhren, die oben glatt abgeschnitten wurden, wachsen hingegen nicht mehr nach.

Möhren nachwachsen lassen

Sie brauchen ein scharfes Messer, einen Blumentopf mit mindestens 15 cm Durchmesser, Torfsubstrat und eine Gießkanne.

1. Bereiten Sie die Möhren vor: Schneiden Sie mit dem Messer den oberen Teil glatt ab (mit dem Grün etwa 2–3 cm). Falls die Möhren Blätter haben, werden sie ebenfalls vorsichtig abgeschnitten, ohne die Sprossspitze zu beschädigen. Möhren bilden nur neue Blätter, wenn die alten entfernt worden sind. (a)

2. Füllen Sie das sterile Substrat in den Blumentopf. Bakterien oder Pilze würden die Möhren faulen lassen. Gießen Sie das Substrat, bis es so feucht ist wie ein ausgedrückter Schwamm.

3. Drücken Sie die Möhrenstücke mit der grünen Spitze nach oben in die Erde; sie sollten etwa bis zur Hälfte im Substrat stecken. (b)

4. Stellen Sie den Topf an einen hellen, sonnigen Platz, und halten Sie das Substrat feucht, aber nicht nass.

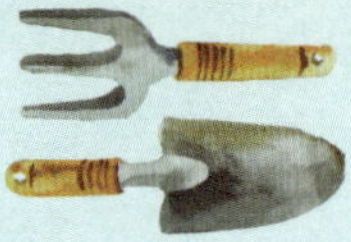

Schon gewusst?

Wie Dill, Fenchel, Petersilie, Sellerie und Koriander gehören auch Möhren zur Familie der Doldenblütengewächse. Zur selben Familie gehört auch der Wiesenkerbel, und die Ähnlichkeit wird deutlich, wenn Möhren, Dill oder Fenchel Blüten bilden. Die Einzelblüten wachsen an kurzen Stielchen und bilden einen schirmförmigen Blütenstand. Dieser Blütenstand wird Dolde genannt und gab der Familie ihren Namen. Ihr botanischer Name *Umbelliferae* ist vom lateinischen Wort *umbra* für Schatten abgeleitet.

Mit etwas Glück wächst aus dem Möhrenstück ein Blütenstängel nach. Die Dolde sieht hübsch aus und liefert Samen, die Sie ernten können.

Praxistipp

Möhren sind Gemüse der kühleren Breiten. Im Freien werden sie am besten in der Frühlings- oder Herbstmitte gepflanzt.

Ernten und wachsen lassen!

Halten Sie die Erde feucht, damit die Möhrenblätter gut wachsen. Nach etwa einer Woche zeigen sich die ersten grünen Spitzen, doch es dauert noch ein paar Wochen, ehe Sie ernten können. Schneiden Sie so viele Blätter ab, wie Sie brauchen.

Das Möhrengrün ist essbar und schmeckt zum Beispiel anstelle von Petersilie gut in Salaten und auf Sandwiches. Genießen Sie die Blätter, solange neue nachwachsen. Unter Umständen wächst nach einiger Zeit auch ein hübscher Blütenstängel. Dann können Sie einige Samen sammeln oder die Pflanze auf den Kompost werfen. Sollten sich im Blumentopf keine Blüten bilden, pflanzen Sie die Möhrenstücke an eine sonnige Stelle im Garten, wo Sie regelmäßig gießen, und warten Sie ab. Mit etwas Glück bilden sich dort ein oder zwei Blütenstängel, an denen Sie die Samen sammeln können. An einem kühlen, trockenen Platz mit einer Temperatur von etwa 10 °C und einer Luftfeuchtigkeit von ungefähr 50 % halten sich die Samen drei Jahre lang.

Graben Sie eine ganze Pflanze aus, und pflanzen Sie kleine Stücke davon direkt wieder ein.

INGWER

Warum kaufen Sie den relativ teuren Ingwer nicht nur einmal und kultivieren ihn dann selbst? Ingwer ist eine tropische Pflanze, die im Sommer im Freien und im Winter drinnen wachsen kann. In Regionen mit frostfreien Wintern kann er dauerhaft im Freien wachsen. Ingwer passt gut zu Suppen, Currys und Eintöpfen. Man kann sogar einen Tee daraus bereiten.

Beim Ingwer wird das Rhizom verwendet, der unterirdisch wachsende Spross der Pflanze. An praktisch jedem gekauften Stück finden Sie ein Auge oder eine wachsende Sprossspitze. Achten Sie aber wie bei Kartoffeln beim Kauf auf unbehandelten Ingwer aus biologischem Anbau. Ganz sicher dürfen Sie sein, wenn die Augen des Rhizoms schon im Laden zu keimen begonnen haben, dann bekommen Sie Ingwer, der zum Nachwachsenlassen ideal geeignet ist.

Ingwer nachwachsen lassen

Sie brauchen ein scharfes Messer, einen Blumentopf mit mindestens 15–30 cm Durchmesser, Torfsubstrat und eine Gießkanne.

1. Schneiden Sie mit einem scharfen Messer 2–3 cm lange Stücke des Rhizoms mit einem „Auge" ab, und lassen Sie die Schnittflächen der Stücke vor dem Einpflanzen bis zu zwei Tage lang antrocknen. Dieser Schritt ist wichtig, da sonst Bakterien und Pilze zu leicht eindringen können und das Rhizom verfault, bevor es zu wachsen beginnt. Allerdings darf diese Phase nicht zu lange dauern, da sonst das Rhizom vollständig austrocknet und kaum noch nachwächst. (a)
2. Füllen Sie das sterile Substrat in den Blumentopf. Es darf weder Bakterien noch Pilze enthalten, damit der Ingwer nicht fault. Gießen Sie das Substrat, bis es so feucht ist wie ein ausgedrückter Schwamm. Ist es zu nass, verfault das Rhizom.
3. Stecken Sie die Stücke mit dem Auge nach oben ins Substrat, und streuen Sie 4–5 cm Substrat darüber. Lassen Sie zwischen den Stücken etwa 10 cm Platz. Auf diese Weise passen drei Abschnitte in einen Topf mit 15 cm Durchmesser und sechs bis acht Stücke in einen mit 30 cm. (b)
4. Stellen Sie den Topf an einen hellen, sonnigen Platz, und warten Sie ab. Wenn sich die ersten größeren Sprosse zeigen, trocknet die Erde schneller aus, und Sie müssen häufiger gießen.

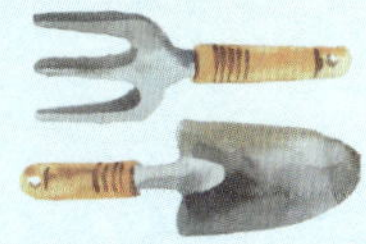

Schon gewusst?

Zum Sushi wird häufig eingelegter Ingwer serviert, der einen hellen Rosaton hat. Der Ingwer wird vorher in Reisessig und Zucker eingelegt, und die rosa Färbung resultiert aus einer Reaktion von Zucker und Essig.

Ernten und wachsen lassen!

Nach drei oder vier Monaten zeigen sich gut entwickelte Sprosse. Schaben Sie die Erde beiseite, bis das Rhizom frei liegt, und brechen Sie kleine Stücke ab. Sollte der Topf zu klein werden, pflanzen Sie den Ingwer in einen größeren um. Stellen Sie den Topf im Sommer ins Freie, damit der Ingwer schneller wächst, so bekommen Sie schneller eine größere Ernte.

Graben Sie die Pflanze nach etwa einem Jahr aus, und entsorgen Sie den Spross auf dem Kompost. Säubern Sie das Rhizom, und starten Sie erneut. Ingwer hält sich im Kühlschrank etwa zwei bis drei Wochen, verliert aber rasch an Aroma. Zur Aufbewahrung im Tiefkühlfach wird das Rhizom geschält, in kleine Stücke zerteilt und portionsweise (1–2 Esslöffel) eingefroren. Die eingefrorenen Portionen halten sich in der Tiefkühltruhe bis zu sechs Monate.

GELBWURZ

Frische Gelbwurz (Kurkuma) ist purer Luxus! Die frisch geriebenen Wurzeln duften fantastisch. Sie würzen Suppen, Salate und vor allem Eiergerichte. Gelbwurz ist allerdings teuer und nicht überall erhältlich, warum kultivieren Sie sie nicht selbst? Gelbwurz gilt als entzündungshemmend, und man findet sie in getrockneter und geriebener Form in Kurkumakapseln oder -dragees als Heilmittel in Apotheken und Reformhäusern.

Gelbwurz wird zunächst im Zimmer kultiviert und im Sommer ins Freie gestellt. Zusätzlich zu den essbaren Rhizomen sehen die Blüten hübsch aus und verleihen dem Garten ein tropisches Flair.

Praxistipp

Gelbwurz färbt die Hände orangegelb. Tragen Sie bei der Arbeit Handschuhe, oder waschen Sie unmittelbar nach dem Umgang mit dem frischen Rhizom Ihre Hände und Geräte.

Gelbwurz nachwachsen lassen

Sie brauchen ein scharfes Messer, einen Blumentopf mit mindestens 15 cm Durchmesser, Torfsubstrat und eine Gießkanne.

1. Schneiden Sie mit einem scharfen Messer 2–3 cm dicke Stücke vom Rhizom ab. Jeder Abschnitt sollte mindestens zwei Augen (Knospen) enthalten. Manchmal lassen sich die Stücke auch abbrechen, aber Gelbwurz ist ziemlich hart. Lassen Sie die Schnitt- oder Bruchflächen bis zu zwei Tage lang antrocknen, da sonst Bakterien und Pilze leicht darüber eindringen können. (a)

2. Füllen Sie das sterile Substrat in den Blumentopf. Die Sterilität ist wichtig, denn Bakterien oder Pilze würden die Gelbwurz faulen lassen. Gießen Sie das Substrat, bis es so feucht ist wie ein ausgedrückter Schwamm. Ist es zu nass geworden, füllen Sie noch etwas Substrat nach. Später können Sie gegebenenfalls wieder etwas Substrat entnehmen.

3. Stecken Sie die Stücke mit den Augen nach oben ins Substrat, und streuen Sie 3–5 cm Substrat darüber. Lassen Sie zwischen den Stücken etwa 10 cm Platz, dann passen drei Abschnitte in einen Topf mit 15 cm Durchmesser und sechs bis acht Stücke in einen mit 30 cm.

4. Stellen Sie den Topf an einen hellen, sonnigen Platz, und warten Sie ab. Wenn die Pflanze größer wird, prüfen Sie häufiger die Feuchtigkeit, und gießen Sie entsprechend.

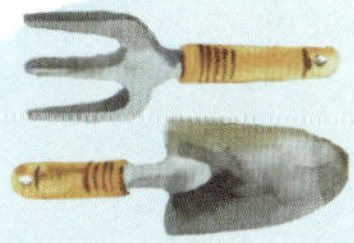

Schon gewusst?

Kurkuma ist ein Farbstoff, mit dem vieles gefärbt wird – von Stoffen bis Senf. Er wird auch in der Kosmetik und bei hinduistischen Zeremonien genutzt.

Ernten und wachsen lassen!

Ich habe vor allem deshalb einen Topf mit nur 15 cm Durchmesser vorgeschlagen, weil ein winziges Stück Rhizom in einem großen Topf leicht dazu führt, dass das Substrat zu stark gewässert wird und die Gelbwurz fault. Außerdem nimmt ein großer Topf sehr viel Platz weg.

Wenn Sie eine ordentliche Ernte wünschen, topfen Sie die Gelbwurz in ein größeres Gefäß um, wenn der Spross etwa 15 cm hoch ist, und stellen Sie den Topf im Sommer ins Freie. Gelbwurz gedeiht gut bei Bedingungen, wie sie auch Tomaten bevorzugen, also bei Nachttemperaturen von über 18 °C.

Das Rhizom benötigt etwa acht bis neun Monate, bis es eine erntereife Größe hat. Wenn Sie im Dezember im Zimmer beginnen und vor dem Frost des nächsten Jahres ernten, ist Ihnen eine gute Ernte sicher. Sie können Gelbwurz zwar jederzeit pflanzen, sollten aber für einen guten Ertrag diese Zeitspanne zumindest ungefähr einhalten.

Das Rhizom ist erntereif, wenn der Spross abstirbt oder sich gelb färbt. Selbst wenn das nicht passiert, können Sie das Rhizom nach acht bis neun Monaten ausgraben. Schneiden Sie das Grün ab, es kommt auf den Kompost. Waschen Sie die Erde ab, brechen Sie das Rhizom in Stücke, schälen Sie es, und lagern Sie es im Gefrierschrank. Das Schälen ist nicht unbedingt notwendig, denn die Schale des Rhizoms ist ziemlich dünn – eher wie bei einer Möhre als wie bei einer Kartoffel. Zum Gebrauch werden die gefrorenen Stücke direkt in das Gericht gerieben. Das feste Rhizom lässt sich leichter reiben als der faserige Ingwer. Behalten Sie ein paar Stücke der Ernte, um eine neue Kultur zu starten.

Wenn die Kartoffeln bereits so stark keimen, wird es Zeit, sie auszusetzen.

KARTOFFELN

Wenn Sie auf der Suche nach einem Projekt mit geringem Einsatz und hohem Ertrag sind, bauen Sie Kartoffeln an. Kartoffeln sind Sprossknollen, die bereitwillig auskeimen, solange sie nicht von Chemikalien daran gehindert werden. Das lässt sich gut an Kartoffeln beobachten, die Sprosse austreiben, wenn sie längere Zeit gelagert werden. Am besten eignen sich unbehandelte Kartoffeln vom Biobauern. Kaufen Sie einen Beutel zum Kochen, und legen Sie eine feste Kartoffel zum Nachwachsen beiseite.

Sie können die Kultivierung im Zimmer beginnen und die Kartoffeln anschließend ins Freie pflanzen, oder Sie setzen die Kartoffelstücke gleich in den Garten. Für die Zimmerkultur bis zur Vollreife eignen sich Kartoffeln schon allein deshalb weniger gut, weil sie sehr groß werden.

Kartoffeln nachwachsen lassen

Sie brauchen ein scharfes Messer, Isopropylalkohol, einen Blumentopf mit 45–60 cm Durchmesser – in einen Blumentopf dieser Größe passen nur etwa zwei Pflanzen –, Blumenerde und eine Gießkanne. Wenn Sie die Kartoffelpflänzchen später ins Freie umpflanzen wollen, brauchen Sie Anzuchtschalen und Torfsubstrat.

1. Waschen Sie die Kartoffeln, und bereiten Sie sie wie folgt vor: Desinfizieren Sie ein scharfes Messer unbedingt mit Isopropylalkohol, da Kartoffeln sehr anfällig gegenüber Bakterien- und Pilzinfektionen sind, welche über die Schnittstelle eindringen.

2. Suchen Sie nach Augen (Knospen), und schneiden Sie die Kartoffeln in 3–5 cm große Stücke, jeder Abschnitt sollte zwei Augen haben. [a]

3. Lassen Sie die Stücke vor dem Auspflanzen ein paar Tage lang an einem kühlen, trockenen Platz antrocknen. Dieser Schritt ist wichtig, denn frische angeschnittene Kartoffeln werden leicht von den Mikroorganismen im Boden angegriffen, und während des Trocknungsprozesses bilden Kartoffeln eine schützende Haut über der Schnittfläche.

4. Füllen Sie den Topf zur Hälfte mit Blumenerde, wenn die Kartoffeln im Topf wachsen sollen. Werden sie später ins Freie gepflanzt, füllen Sie eine Anzuchtschale mit Torfsubstrat. Gießen Sie Topf oder Schale, bis das Substrat so feucht ist wie ein ausgedrückter Schwamm.

5. Legen Sie die Kartoffelstücke in den Topf oder die Schale, und streuen Sie 5–10 cm Substrat darüber. Bei der Topfkultur sollte der Abstand zwischen den Stücken etwa 15 cm betragen, in den Anzuchtschalen 3–5 cm.

6. Stellen Sie Topf oder Schale an einen sonnigen Platz, und halten Sie das Substrat feucht, bis die Kartoffelstücke austreiben. Die Kartoffeln in Anzuchtschalen werden mit 20 cm Abstand ins Freie umgepflanzt, wenn sie einige Blätter haben. Bei der Topfkultur füllen Sie kontinuierlich Erde nach, sodass stets zwei bis drei Blattpaare zu sehen sind. (b)

Ernten und wachsen lassen!

Kartoffeln sind Pflanzen der kühleren Breiten. Wenn sie ins Freie umgepflanzt werden sollen, erfolgt die Vorkultur in Töpfen oder Anzuchtschalen, die zwei bis drei Wochen vor Ende der Frostperiode ins Freie gestellt werden. Häufeln Sie kontinuierlich Erde um die wachsenden Sprosse auf, sodass jeweils nur einige Blattpaare aus der Erde ragen. Wenn es nicht regelmäßig regnet, werden die Kartoffeln gegossen, wenn sie zu blühen beginnen.

Etwa drei Wochen nach Blühbeginn werden die kleinen Frühkartoffeln vorsichtig ausgegraben. Die übrigen Kartoffeln bleiben noch drei Wochen im Boden, nachdem die Blätter gelb werden. Lassen Sie die Kartoffeln ein paar Tage lang draußen trocknen, dann werden sie gesäubert und unter Dach an einem dunklen, trockenen Platz gelagert.

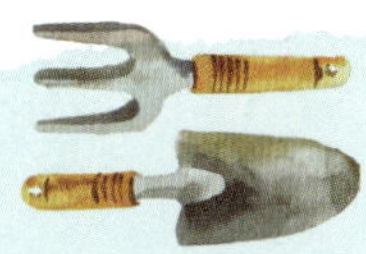

Schon gewusst?

Es war Thomas Jefferson, der die Pommes frites nach Amerika brachte. Er hatte sie während seiner Zeit als US-Botschafter in Paris kennengelernt. Im Jahr 1802 bat Jefferson seinen Koch, für ein Abendessen im Weißen Haus Kartoffeln auf französische Art zuzubereiten, also dünn geschnitten und frittiert. Sie setzten sich zwar erst zu Beginn des 20. Jahrhunderts in der Neuen Welt wirklich durch, aber heute verzehren Nordamerikaner ihre Kartoffeln meist als Pommes frites.

ROTE BETE

Die Rote Bete ist wieder voll im Trend. Es gibt wohl kein Restaurant mit regionalen Produkten, bei dem nicht mindestens ein Salat mit Roten Beten auf der Karte steht. Neben den traditionellen Roten Beten umfasst das Angebot inzwischen auch solche in Weiß und Gelb sowie rot-weiß gestreifte Beten. Alle wachsen wieder nach, solange die Wurzelkrone intakt ist.

Beten sind wie Möhren zweijährige Pflanzen, die ihre Knolle an der Wurzelbasis bilden. Beim Nachwachsen geht es also um das Grün, nicht um die Knolle. Die grünen Teile schmecken allerdings köstlich. Die jungen „Baby Leaves" als Zutat gehören schon beinahe zum Standard in angesagten Salaten. Aber auch die größeren Blätter, die sich an den Knollen im Handel noch befinden können, schmecken köstlich, wenn sie mit Knoblauch und Zitronensaft sautiert werden.

Rote Bete nachwachsen lassen

Sie brauchen ein scharfes Messer, einen Blumentopf mit mindestens 15 cm Durchmesser, Torfsubstrat und eine Gießkanne.

a

b

1. Führen Sie mit einem Messer etwa 2 cm unterhalb der Wurzelkrone einen glatten Schnitt. Falls die Blätter noch vorhanden sind, werden sie vorsichtig abgeschnitten, ohne die Sprossspitze zu beschädigen. Die alten Blätter müssen entfernt werden, um die nachwachsende Wurzel zur Bildung neuer anzuregen. Sie können die alten Blätter in der Küche verarbeiten. [a] [b]
2. Füllen Sie steriles Substrat in den Blumentopf. Bakterien oder Pilze würden die Rote Bete faulen lassen. Füllen Sie das Substrat bis 2–3 cm unter dem Topfrand ein. Auf diese Weise kann es beim Gießen nicht über den Rand schwappen, wenn es durch das Wasser aufschwemmt. Gießen Sie das Substrat, bis es so feucht ist wie ein ausgedrückter Schwamm.

Praxistipp

Tragen Sie beim Umgang mit Roten Beten Handschuhe, oder waschen Sie sofort nach der Arbeit Hände und Arbeitsbereich. Rote Bete färbt alles – und Sie wollen sicher nicht, dass Ihre Küche wie der Ort eines Verbrechens aussieht.

3. Drücken Sie die Betestücke mit dem Sprossende nach oben in die Erde. Sie sollten etwa bis zur Hälfte im Substrat stecken. Für gutes Wachstum brauchen die Stücke nicht besonders viel Platz, ein Abstand von 2–3 cm ist ausreichend. C

4. Stellen Sie den Topf an einen hellen, sonnigen Platz, und halten Sie das Substrat feucht, wenn die Spitzen zu wachsen beginnen.

Ernten und wachsen lassen!

Lassen Sie Rote Bete nachwachsen, solange sie Blätter bildet. Schneiden Sie die jungen Blättchen für Salate oder Suppen ab. Wenn sie kein neues Grün mehr bildet, kommt die Bete auf den Kompost. Wenn Sie Rote Bete im Garten auspflanzen, bildet sich manchmal ein Blütenstiel. Damit machen Sie Bestäubern eine Freude. Sie lieben die kleinen Blüten, und die anderen Gemüse werden es Ihnen danken.

Schon gewusst?

Rote Beten enthalten nicht nur viele Antioxidantien, sie wirken auch stimmungsaufhellend. Die Wurzeln enthalten Betain, das erfolgreich gegen Depressionen eingesetzt wird, sowie die ebenfalls stimmungshebende Aminosäure Tryptophan, die – umgewandelt zu Serotonin – ebenfalls die Stimmung aufhellt.

Die Blätter wachsen unterschiedlich schnell nach, wie man an diesen beiden gleichzeitig in die Erde gesetzten Rüben sieht.

STECKRÜBE

Weiße Rüben oder Steckrüben schmecken bei richtiger Zubereitung köstlich. Große Rüben werden gebraten oder zu Püree gestampft. Sie enthalten mehr Vitamine als Kartoffeln. Junge Rüben schmecken roh in Scheiben geschnitten oder gerieben in Salaten. Im Süden der USA werden die grünen Teile traditionell zu Schweinshaxe oder gepökeltem Schweinefleisch mit Zwiebeln als Teil des Sonntagsessens serviert.

Rüben sind, ebenso wie Möhren und Rote Beten, verdickte Hauptwurzeln. Ihre Blätter wachsen mithilfe der dort vorgestellten Methode nach. Sie dürfen also leckeres, frisches Grün, aber keine neue Wurzelknolle erwarten. Achten Sie beim Kauf darauf, dass die Rüben noch intakte Sprossanteile besitzen, sonst wachsen sie nicht nach.

Rüben nachwachsen lassen

Sie brauchen ein scharfes Messer, einen Blumentopf mit mindestens 15 cm Durchmesser, Torfsubstrat und eine Gießkanne.

a

b

1. Führen Sie mit einem Messer etwa 2 cm unterhalb der Wurzelkrone einen glatten Schnitt. Falls noch Blätter vorhanden sind, werden diese vorsichtig abgeschnitten, ohne die Sprossspitze zu beschädigen. Die alten Blätter müssen entfernt werden, um die Wurzel zur Bildung neuer anzuregen. Sie können die alten Blätter kochen. Roh sind sie nicht essbar, denn die großen Blätter reifer Steckrüben sind faserig und roh alles andere als schmackhaft. a b

2. Füllen Sie steriles Substrat in den Blumentopf. Bakterien oder Pilze würden die Rüben faulen lassen. Füllen Sie das Substrat bis 2–3 cm unter dem Topfrand ein. Auf diese Weise kann es nicht über den Rand schwappen, wenn es beim Gießen aufschwemmt. Gießen Sie das Substrat, bis es so feucht ist wie ein ausgedrückter Schwamm.

Praxistipp

Steckrüben sind Gemüse der kühleren Breiten. Produkte aus der Region werden als Gemüse – und damit zum Nachwachsenlassen – am ehesten im Herbst und zeitigen Frühjahr angeboten.

3. Drücken Sie die Rübenstücke mit dem Sprossende nach oben in die Erde. Sie sollten etwa bis zur Hälfte im Substrat stecken. (C)

4. Stellen Sie den Topf an einen hellen, sonnigen Platz, und halten Sie das Substrat gleichmäßig feucht, wenn die Spitzen austreiben und wachsen.

Ernten und wachsen lassen!

Kultivieren Sie die Rüben, solange sie noch neue Blätter bilden. Wie erwähnt, müssen ältere Blätter gekocht werden, aber die bis zu etwa 5 cm langen neuen Blättchen schmecken roh im Salat. Wenn die Rüben kein neues Grün mehr bilden, kommen sie auf den Kompost. Pflanzen Sie Steckrüben genau wie Rote Beten und Möhren ruhig auch im Garten aus, manchmal treibt ein Blütenstiel aus!

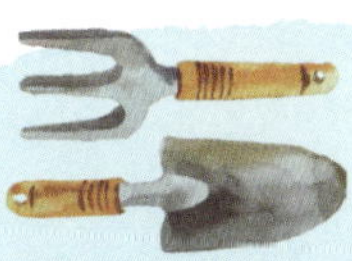

Schon gewusst?

Bereits die Kelten höhlten Rüben aus, schnitten Gesichter hinein und beleuchteten sie mit einer Kerze. Die Köpfe sollten böse Geister abwehren. Heute verwendet man dazu meist Kürbisse.

RETTICH UND RADIESCHEN

An einem Bund Radieschen ist gewöhnlich noch viel Grün dran. Die meisten Menschen werfen die Blätter weg, dabei verdienen sie durchaus einen Platz auf dem Teller. Sie schmecken besonders köstlich, wenn sie warm zubereitet werden. Schmelzen Sie etwas Butter in einem Topf, schmoren Sie die Radieschenblätter darin für ein paar Minuten, und schmecken Sie sie am Schluss mit einer Prise Salz und Zitronensaft ab. Bunte Rettiche bringen Abwechslung in die Küche, sie sind innen rosarot und weiß, außerdem gibt es lilafarbene, gelbe, weiße und sogar schwarze Rettiche.

Rettiche und Radieschen sind, wie Möhren und Rote Beten, verdickte Hauptwurzeln. Bei ihnen gelangt man mithilfe der dort vorgestellten Methode auch zu einem ähnlichen Ergebnis. Sie dürfen leckeres, frisches Grün erwarten, das gekocht oder roh gegessen wird, aber keine neue Wurzelknolle.

Radieschen nachwachsen lassen

Sie brauchen ein scharfes Messer, einen Blumentopf mit mindestens 15 cm Durchmesser, Torfsubstrat und eine Gießkanne.

1. Führen Sie mit einem Messer etwa 2 cm unterhalb der Wurzelkrone einen glatten Schnitt. Falls noch Blätter vorhanden sind, werden diese vorsichtig abgeschnitten, ohne die Sprossspitze zu beschädigen, sonst wachsen keine neuen Blätter nach. Sie können die Blätter wie Rübenblätter kochen und essen. (a)
2. Füllen Sie das – unbedingt sterile – Substrat in den Blumentopf. Bakterien oder Pilze würden die Radieschen faulen lassen. Füllen Sie bis 2–3 cm unter den Topfrand Substrat ein. Auf diese Weise kann es nicht über den Rand schwappen, wenn es beim Gießen aufschwemmt. Gießen Sie das Substrat, bis es so feucht ist wie ein ausgedrückter Schwamm.
3. Drücken Sie die Radieschenstücke mit dem Sprossende nach oben in die Erde. Sie sollten etwa bis zur Hälfte im Substrat stecken. Radieschen brauchen zueinander nur einen Abstand von ungefähr 2–3 cm. Daher passt fast ein ganzer Bund Radieschen in einen Topf. (b)
4. Stellen Sie den Topf an einen hellen, sonnigen Platz, und halten Sie das Substrat feucht, wenn die Spitzen austreiben und wachsen.

Praxistipp

Radieschen gehören zu den Gemüsen, die sich besonders einfach aus Samen im Garten kultivieren lassen. Säen Sie im Frühling oder Spätherbst aus, und ernten Sie, wenn die Wurzeln etwa 2–3 cm dick sind. Die Spitzen nutzen Sie wie bei gekauften Radieschen zum Nachwachsenlassen von Blättern.

Ernten und wachsen lassen!

Die 2–3 cm langen jungen Blättchen geben Salaten und Sandwiches ein köstlich pfeffriges Aroma, passen aber auch als Garnierung zu Suppen. Wenn die Radieschen keine neuen Blätter mehr bilden, kommen sie auf den Kompost.

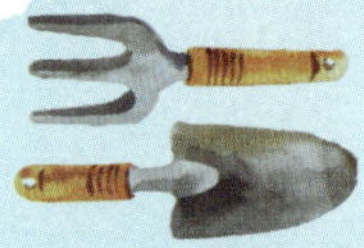

Schon gewusst?

Im mexikanischen Oaxaca findet immer am 23. Dezember das Fest *„Noche de Rabanos“* statt, die „Nacht der Rettiche“. Künstler schnitzen in speziell für das Fest angebaute Rettiche einige Tage vor dem Event kunstvolle Szenen und ziehen damit Besucher von weit her an.

SÜSSKARTOFFELN

Süßkartoffeln oder Bataten sind Wurzelknollen, die nur an der Spitze Augen haben. Wenn sie auch nicht immer sofort sichtbar sind, so sind sie doch vorhanden! Süßkartoffeln wachsen nach und liefern den ganzen nächsten Winter über eine Ernte. Für das erfolgreiche Nachwachsen ist zwar eine dreistufige Prozedur erforderlich, aber der Zeitaufwand lohnt sich, denn mit einem geringen finanziellen Einsatz bekommen Sie eine gute Ernte.

Manchmal allerdings werden Süßkartoffeln gegen Keimung behandelt und treiben nicht mehr aus. Kaufen Sie daher die Knollen im Bioladen oder auf einem Bauernmarkt, und heben Sie eine für das Nachwachsenlassen auf.

Wenn Sie sich nicht sicher sind, dass die Kultivierung lohnenswert ist, bedenken Sie, dass Süßkartoffeln sehr vielseitig sind und auf unterschiedlichste Weisen zubereitet werden können, zum Beispiel gedünstet mit anderem Gemüse und ein paar Rosmarinzweigen aus Stecklingen (siehe S. 116) oder gekocht und dann püriert. Sie können Süßkartoffeln schmoren oder in Scheiben schneiden und braten. Sie schmecken sowohl als Süßspeise mit Zimt als auch herzhaft mit Kräutern.

Süßkartoffeln nachwachsen lassen

Sie brauchen eine Tasse oder ein Glas mit weiter Öffnung – das Behältnis muss eine Süßkartoffel aufnehmen können. Außerdem benötigen Sie Zahnstocher, eine Schere, Blumenerde, eine Anzuchtschale und eine Gießkanne. Die Kultivierung erfolgt in drei Schritten:

1. Bewurzeln der Knolle, bis sich Ableger, also kleine Pflanzen, bilden
2. Ableger abnehmen und bewurzeln
3. Bewurzelte Ableger in Erde pflanzen

Süßkartoffeln brauchen mehrere Monate, bis die Knollen für die Ernte groß genug sind. Rechnen Sie damit, dass es mindestens zwei bis drei Monate dauert, ehe Sie einen Ableger ins Freie pflanzen können.

Schritt 1: Bewurzeln der Knolle, bis sich Ableger bilden

1. Stellen Sie eine Süßkartoffel in ein Glas oder eine Tasse. Das Wurzelende muss nach unten, das Sprossende nach oben zeigen. Wie können Sie aber die Enden voneinander unterscheiden? Das Wurzelende ist in der Regel etwas spitzer als das Sprossende, manchmal erkennt man auch die kleinen Knospen am Sprossende; beides hilft, Spross- und Wurzelende zu unterscheiden.
   Wenn die Süßkartoffel von der Länge her komplett ins Behältnis passt, fixieren Sie die Knolle mit Zahnstochern, damit das Sprossende deutlich über den Rand hinausragt.

a

2. Füllen Sie das Behältnis mit Wasser, es sollten mindestens 5–8 cm der Knolle aus dem Wasser ragen. (a)

3. Warten Sie ab, bis die Knolle sowohl Wurzeln als auch kleine Sprosse gebildet hat. Die kleinen Sprosse oben sind die Ableger. Wechseln Sie das Wasser einmal pro Woche, die Wurzeln dürfen nicht austrocknen. Die Bildung der Ableger dauert etwa vier bis sechs Wochen.

Sobald die kleinen Ableger am Sprossende etwa 8–10 cm lang sind, folgt der zweite Schritt.

Schritt 2: Ableger bewurzeln

1. Schneiden oder rupfen Sie die Ableger ab. An jeder Knolle dürften sich fünf bis 15 Ableger gebildet haben.

2. Füllen Sie ein sauberes Glas mit Wasser, und stellen Sie die Ableger hinein. (b)

3. Warten Sie ab, bis die Ableger Wurzeln gebildet haben, das geht relativ schnell. Wenn die Wurzeln mindestens 2–3 cm lang sind, werden die Ableger eingepflanzt.

Schritt 3: Ableger einpflanzen

Sie können die Ableger zunächst in Anzuchtschalen vorkultivieren oder gleich in Gartenerde pflanzen. Warten Sie jedoch mit dem Auspflanzen, bis der Boden warm genug ist, was etwa einen Monat nach dem letzten Frost der Fall sein sollte. Pflanzen Sie die Ableger in 10–20 cm hohe Erdhügel oder, bei warmem Wetter, in tiefgründig gelockerte Erde. Halten Sie einen Pflanzabstand von etwa 45 cm ein.

Im Garten bilden die ausgepflanzten Süßkartoffelableger die typischen Wurzelknollen.

Praxistipp

Das Auspflanzen im Gartenboden garantiert eine größere Ernte. Im Topf bilden Süßkartoffeln zudem anstatt Knollen manchmal lange, dünne Wurzeln, die rundum entlang der Topfwand wachsen.

Süßkartoffeln aus der Erde im Garten sind in der Regel kompakter als Knollen aus dem Blumentopf.

Ernten und wachsen lassen!

Wenn sich die Pflanzen etabliert haben, gießen Sie so, dass der Boden stets feucht, aber nie völlig durchnässt ist. Sie können die Pflanzen ungefähr bis Mitte Oktober wachsen lassen und die Knollen dann vorsichtig ausgraben. Pro Ableger entwickeln sich drei bis acht neue Knollen. Lagern Sie die Knollen nach der Ernte etwa eine Woche lang in einem warmen, feuchten Raum. Dann werden sie abgebürstet und bis zum Verbrauch zum Schutz in Papiertüten gelegt. Darin halten sie sich etwa drei bis fünf Monate. Legen Sie eine Knolle beiseite, die wieder nachwachsen darf.

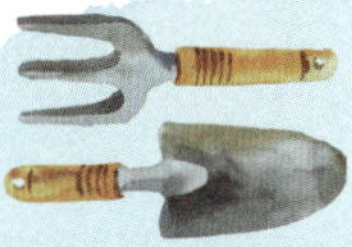

Schon gewusst?

Süßkartoffeln kann man nicht nur essen. Der in den 1860er-Jahren geborene US-amerikanische Botaniker George Washington Carver hat nicht nur über Erdnüsse geforscht, sondern fand auch 118 Anwendungsmöglichkeiten für Süßkartoffeln, von Farbe über Holzkitt bis zu Bücherleim.

KAPITEL

3

Regrow von nachwachsenden und modifizierten Sprossen

Werfen Sie das Wurzelende von Frühlingszwiebeln und Porree nicht auf den Kompost! Die Sprosse wachsen nach. In der Tat gehören sie sogar zu den besonders gut nachwachsenden Pflanzenresten. Es ist sinnvoll, Sprosse zum Nachwachsen zu bringen, denn sie enthalten alles, was eine Pflanze zum Überleben braucht. Sie brauchen sich um das Wachstum praktisch keine Sorgen zu machen – einfach in eine geeignete Umgebung pflanzen und abwarten.

Wie in Kapitel 1 schon erwähnt, sind Knoblauch, Schalotten und Küchenzwiebeln modifizierte Sprosse. Die Sprossspitze liegt tief verborgen im Zentrum der Zwiebel, gut geschützt von modifizierten Blättern. Bei Lauchzwiebeln und Porree essen wir die Blätter, und die gestauchte Sprossachse bildet die Basis der Pflanze. Beide Gemüse eignen sich bestens für diese Art der Kultivierung, denn sie wachsen problemlos nach und liefern eine ordentliche Ernte. Die grundlegende Herangehensweise ist bei allen Arten gleich. Ertrag und Timing sind jedoch unterschiedlich, und es kommt auf die Details an. Alle Mitglieder der Zwiebelfamilie mit Ausnahme der Schalotten blühen und bilden Samen. Der Weg vom Samen zur Zwiebel ist lang, bringt aber eine Menge Spaß.

GEEIGNETE ARTEN

Die Mitglieder der Zwiebelfamilie eignen sich hervorragend für diese Methode.

- **Knoblauch**
- **Küchenzwiebeln**
- **Schalotten**
- **Porree**

Nachwachsende Porreestangen nach zwei Monaten

Einige Arten wachsen auch problemlos in Wasser nach, liefern langfristig allerdings ein anderes Ergebnis. Nähere Informationen dazu finden Sie in Kapitel 6.

In botanischer Hinsicht sind auch Rhizome und Sprossknollen modifizierte Sprosse, doch ihre Kultivierung unterscheidet sich von der Vorgehensweise, die in diesem Kapitel beschrieben wird. Näheres dazu finden Sie in Kapitel 2.

Praxistipp

Die meisten Zwiebelgewächse sind Pflanzen der kühleren Breiten. Falls Sie vorhaben, sie im Freien zu kultivieren, fragen Sie bei Gärtnern in Ihrer Region, wie Sie am besten eine gute Ernte erzielen können, oder ziehen Sie ein Gartenbuch zurate.

KNOBLAUCH

Können Sie sich eine Küche ganz ohne Knoblauch vorstellen? Er gibt vielen Gerichten ihr kräftiges Aroma. Der markante Knoblauchduft beruht auf einer chemischen Reaktion, wenn seine Zellen zerstört werden, weshalb intakter Knoblauch auch geruchlos ist. Erst zerhackte Knoblauchzehen lassen die Augen tränen. Knoblauchblüten sind essbar, sie bilden sich gewöhnlich im Frühling an gedrehten Stängeln, deren verdicktes Ende zur Blüte wird. Eingelegte Blüten schmecken besonders gut.

Knoblauch aus dem Supermarkt ist in der Regel vorbehandelt, damit er im Geschäft nicht austreibt. Solche Exemplare werden auch bei Ihnen nicht nachwachsen. Kaufen Sie daher Knoblauch beim Biobauern, oder wählen Sie Exemplare aus, die bereits ausgekeimt sind. Heben Sie von einer ganzen Zwiebel stets ein paar Zehen zum Einpflanzen auf. Die dicksten Zwiebeln liefern die beste Ernte.

Im Zimmer wird Knoblauch nicht groß genug, um Zwiebeln zu bilden – essen Sie die Blätter. Wenn Sie an ganzen Knoblauchzwiebeln zum Trocknen interessiert sind, müssen Sie die Pflanzen im Garten auspflanzen.

Erkundigen Sie sich bei einem Gärtner in Ihrer Region, welche Sorten am sinnvollsten zu welcher Zeit gepflanzt werden. Für eine Ernte im Frühling oder Sommer müssen die Zwiebeln im Herbst in die Erde. Elefanten- oder Sommerknoblauch, der botanisch kein „echter" Knoblauch ist, wächst am besten in warmen Regionen mit Wintertemperaturen nicht unter –7 °C, besser noch ohne Frost. Schlangenknoblauch wächst auch gut in kühleren, Kulturknoblauch hingegen besser in wärmeren, gemäßigten Breiten.

Knoblauch nachwachsen lassen

Sie brauchen Blumenerde, einen oder mehr Blumentöpfe mit 10–15 cm Durchmesser, einen Untersetzer und eine Gießkanne.

a

b

1. Trennen Sie die Zwiebel in einzelne Zehen, Schälen ist nicht notwendig. (a)
2. Füllen Sie die Blumenerde in den Topf. Erde im Freien muss fein und locker sein.
3. Setzen Sie die Zehen 3–4 cm tief, und streuen Sie Erde darüber, ein Pflanzabstand von 1–2 cm ist ausreichend. Im Garten sollten Sie einen sonnigen Standort auswählen und einen Abstand von 15 cm einhalten. (b)
4. Gießen Sie die Erde, bis sie so feucht ist wie ein ausgedrückter Schwamm.
5. Stellen Sie den Topf an eine helle, sonnige Stelle. Sowohl im Zimmer als auch im Garten muss die Erde gleichmäßig feucht bleiben. Während sich drinnen rasch neue Sprosse zeigen, dauert es im Freien deutlich länger. Im Freien bildet Knoblauch zuerst neue Wurzen und später Stängel. Nachdem der Knoblauch Wurzeln gebildet hat, legt er eine Winterruhe bis zum Frühling ein.

Schon gewusst?

Aufgrund seiner antibiotischen Eigenschaften wird Knoblauch seit Jahrhunderten als Antiseptikum und Antibiotikum verwendet.

Wenn Knoblauch zu keimen beginnt, verliert er sein Aroma. Dies ist die richtige Zeit, ihn nachwachsen zu lassen.

Praxistipp

Wenn die grünen Teile verwelken, wird der Knoblauch im Garten nicht mehr gegossen. Dann ist die Pflanze am Ende eines Lebenszyklus angekommen, und die Zwiebeln müssen austrocknen.

Ernten und wachsen lassen!

Wenn Sie Knoblauch im Zimmer nachwachsen lassen, können Sie nur die grünen Blätter ernten. Sie schmecken milder als die Knoblauchzehen. Schneiden Sie immer so viel ab, wie Sie benötigen. Wenn kein Grün mehr nachwächst, kommen die Zwiebeln auf den Kompost.

Im Garten wachsen zuerst die Wurzeln, im nächsten Frühling zeigen sich dann auch die Sprossen. Sobald Blüten erscheinen, können Sie sie abschneiden und in der Küche verarbeiten. Danach stecken die Pflanzen alle Energie in die Bildung großer, saftiger Knoblauchzwiebeln. Wenn die Blätter vergilben, sind die Zwiebeln reif.

Eine Zwiebel, die bereits keimt, wächst verlässlich nach.

KÜCHENZWIEBELN

Die großen Küchenzwiebeln, die als Zwiebelringe Hamburger dekorieren oder für eine Gemüsesuppe mit Möhren und Sellerie angedünstet werden, sind von einer papierdünnen Hülle umgeben. Wenn bei Ihnen eine alte Zwiebel herumliegt, die vielleicht sogar schon keimt, dann ist die genau das Exemplar, das Ihnen ein gutes Ergebnis liefern wird. Da sie bereits wächst, brauchen Sie das Nachwachsen nur noch zu unterstützen.

Zwiebeln, die gegen Keimung behandelt wurden, wachsen allerdings nicht nach. Sollte also eine Zwiebel nicht keimen, liegt das möglicherweise nicht an Ihrem fehlenden grünen Daumen, sondern an der Zwiebel. Kompostieren Sie sie, und starten Sie einen neuen Versuch.

Da Zwiebeln auf das tägliche Verhältnis von Licht und Dunkelheit reagieren, dürfen Sie interessante Ergebnisse erwarten, wenn Sie eine Zwiebel im Freien einpflanzen. Da Sie nicht wissen, mit welchem Typ Sie arbeiten, kann sich eine neue Zwiebel bilden – oder auch nicht.

Küchenzwiebeln nachwachsen lassen

Sie brauchen Blumenerde, ein scharfes Messer, Isopropylalkohol oder Lysol®, einen Blumentopf mit 10–15 cm Durchmesser, Untersetzer und eine Gießkanne.

1. Schneiden Sie die keimende Zwiebel vorsichtig von oben nach unten durch. Fangen Sie mit den äußeren Schichten an, und schneiden Sie bis zu den Sprossen. Möglicherweise erhalten Sie daraus zwei oder drei einzelne Pflänzchen. (a) (b)
2. Füllen Sie Blumenerde in den Topf. Im Freien muss die Erde fein und locker sein.
3. Setzen Sie die Zwiebeln mit etwa 5 cm Abstand ein. Wurzeln und Zwiebeln werden etwa 2–3 cm tief eingesetzt, die grünen Keime oder die Spitze müssen herausragen. Wählen Sie im Garten einen sonnigen Platz. (c)
4. Gießen Sie die Erde, bis sie feucht ist wie ein ausgedrückter Schwamm.
5. Stellen Sie den Topf an eine helle, sonnige Stelle. Im Zimmer wie im Garten muss die Erde gleichmäßig feucht bleiben. Zumindest im Zimmer sollten sich rasch neue Sprosse zeigen.

Ernten und wachsen lassen!

Ernten Sie bei Zwiebeln, die im Zimmer nachwachsen, nur die grünen, aromatischen Teile. Zwiebeln, die im Garten wachsen, bilden oft zusätzliche, große Zwiebeln, die Sie ernten können. Ihre Reste pflanzen Sie wieder ein. Lassen Sie die Zwiebeln im Garten im Boden, bis die Blätter braun werden und umkippen. Dann können Sie die Zwiebeln ernten und draußen an einem kühlen, trockenen Platz trocknen.

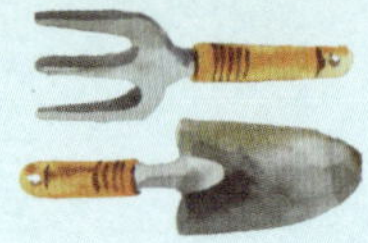

Schon gewusst?

Bei den alten Ägyptern wurden Zwiebeln gelegentlich sogar als Zahlungsmittel genutzt.

Im Garten geerntete Zwiebeln müssen erst draußen trocknen, ehe sie dauerhaft im Haus gelagert werden können.

Praxistipp

Im Garten wachsende Zwiebeln müssen gegossen und das Beet muss gejätet werden. Da Zwiebeln keine tiefen Wurzeln bilden, trocknen sie leicht aus und verlieren schnell den Konkurrenzkampf gegen Unkräuter.

SCHALOTTEN

Schalotten gehören zur Zwiebelfamilie, schmecken aber milder als Knoblauch oder die meisten Küchenzwiebeln. Sie sind zum Beispiel in der französischen Küche beliebt und geben Salaten ein großartiges Aroma. In der asiatischen Küche werden sie auch gebraten oder eingelegt.

Schalotten wachsen wie Knoblauch mit mehreren Zehen innerhalb einer Zwiebel. Beim Nachwachsenlassen im Zimmer treiben schnell aromatische Blätter aus, die Bildung von Zehen dauert länger.

In dieser halbierten Schalotte erkennt man die einzelnen „Zehen".

Schalotten nachwachsen lassen

Sie brauchen Blumenerde, einen Blumentopf mit 10–15 cm Durchmesser, eine Abtropfschale und eine Gießkanne.

1. Teilen Sie die Zwiebeln, und entnehmen Sie die größten Zehen zum Einpflanzen. (a)
2. Füllen Sie die Blumenerde in den Topf. Erde im Freien muss fein und locker sein.
3. Setzen Sie die Zehen 3–4 cm tief und mit etwa 3–5 cm Abstand ein, und streuen Sie Erde darüber. Wählen Sie im Garten einen sonnigen Platz. (b)

4. Gießen Sie die Erde, bis sie so feucht ist wie ein ausgedrückter Schwamm. Im Garten bilden sich zuerst Wurzeln, die Sprosse wachsen später nach. Im Herbst gepflanzte Exemplare wachsen in Schüben, bilden aber auf jeden Fall ab dem Frühling neue Zwiebeln.

5. Stellen Sie den Topf an eine helle, sonnige Stelle. Im Haus wie im Zimmer muss die Erde gleichmäßig feucht bleiben. Zumindest im Zimmer sollten sich rasch neue Sprosse zeigen.

Schon gewusst?

Schalotten geben der klassischen Sauce béarnaise ihr Aroma.

Im Zimmer keimen die Schalotten bereits nach ein paar Wochen.

Ernten und wachsen lassen!

Verwenden Sie bei den Zwiebeln, die im Zimmer nachwachsen, die grünen, aromatischen Teile wie Frühlingszwiebeln.

In Regionen ohne ausgeprägte Fröste werden die Schalotten im Herbst, in kälteren Regionen im Frühling eingepflanzt. Gießen Sie nach dem Einpflanzen reichlich und regelmäßig während trockener Perioden.

Wenn die Zwiebeln etwa 5 cm Durchmesser haben, werden sie ausgegraben und wie Küchenzwiebeln an einem trockenen, kühlen Ort getrocknet.

Praxistipp

Schalotten bilden ihre saftigen Zwiebeln erst aus, wenn die Tage länger werden. Die im Herbst gepflanzten Schalotten beginnen zwar zu wachsen, sind aber erst im nächsten Frühling erntereif.

Porreestangen ohne Wurzen enthalten in der Regel auch keine Sprossachse mehr. Kaufen Sie daher Porree mit Wurzeln, wenn die Stangen nachwachsen sollen.

PORREE

Ich liebe Porree! Diese Leidenschaft geht auf meine Zeit im US-Bundesstaat Vermont zurück, wo ein Restaurant eine wunderbare Kartoffel-Porree-Suppe servierte. Als ich dann in den ländlichen Teil des Bundesstaates New York umzog, musste ich lernen, die Kartoffel-Porree-Suppe selbst zu kochen. Dabei erkannte ich, dass Porree sehr leicht zu kultivieren ist und das Kochen mit Porree Spaß macht

Porree ist ein Zwiebelgewächs, und die Sprossachse ist unten zwischen den essbaren Blättern verborgen. Porree zum Nachwachsen muss noch Wurzeln haben, denn wenn sie abgeschnitten wurden, fehlt meist auch die Sprossachse.

Diese Porreestücke wurden für die Kultivierung in Wasser vorbereitet.

Porree wächst sowohl drinnen als auch draußen erstaunlich gut nach. Die folgende Anleitung gilt für das Wachstum in Erde, allerdings funktioniert das Nachwachsenlassen auch in Wasser. Befolgen Sie in diesem Fall die Anleitung für Frühlingszwiebeln (siehe S. 110). Beide Methoden funktionieren gut, obwohl Porree in Erde etwas schneller wächst als in Wasser. Wenn Ihnen die Arbeit mit der Erde zu schmutzig ist, entscheiden Sie sich für die Kultivierung in Wasser. Die letztliche Ausbeute richtet sich nach der Größe der ursprünglich verwendeten Porreestangen. Nur etwa fingerdicke Exemplare wachsen drinnen und draußen nach, sie werden geerntet, wenn sie Ihnen dick genug sind. Große, dicke Porreestangen schmecken gut in Suppen oder vom Grill. Sollten bereits die Ursprungsstangen sehr dick sein, rechnen Sie besser nur mit einigen sehr aromatischen grünen Blättern.

Porree nachwachsen lassen

Sie brauchen Blumenerde, ein scharfes Messer, Isopropylalkohol oder Lysol®, einen Blumentopf mit 10–15 cm Durchmesser, einen Untersetzer und eine Gießkanne.

a

1. Schneiden Sie die Porreestangen 5–8 cm oberhalb der intakten Wurzeln ab. (a)
2. Füllen Sie die Blumenerde in den Topf. Erde im Freien muss fein und locker sein.
3. Setzen Sie die Stücke so tief ein, dass sie 1–2 cm aus der Erde ragen. Im Topf dürfen sie sehr eng beieinander stehen. Wählen Sie im Garten einen sonnigen Platz und einen Pflanzabstand von 10–15 cm. (b)
4. Gießen Sie die Erde, bis sie feucht ist wie ein ausgedrückter Schwamm.
5. Stellen Sie den Topf an eine helle, sonnige Stelle. Sowohl im Zimmer als auch im Garten muss die Erde gleichmäßig feucht bleiben.

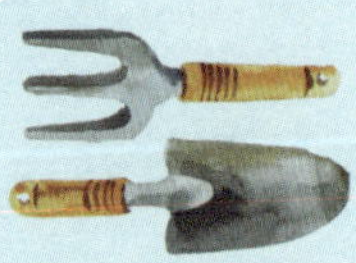

Schon gewusst?

Der römische Kaiser Nero vertilgte so viel von diesem Gemüse, dass ihm der Spitzname „Porreefresser“ gegeben wurde.

Praxistipp

Porree kann jederzeit geerntet werden. Je länger Sie mit der Ernte warten, desto mehr können Sie verarbeiten, doch auch dünner Porree schmeckt gut.

Ernten und wachsen lassen!

Junger Porree wird wie Frühlingszwiebeln verarbeitet. Gehackter Porree verleiht Salaten, Suppen, Dips und anderen Gerichten ein kräftigeres Aroma.

Porree kann auch in der kalten Jahreszeit draußen wachsen. Im Freiland kann er ziemlich dick werden und schmeckt dann prima in Suppen, Omeletts und anderen Gerichten. Der Boden des Porreebeets muss gleichmäßig feucht und unkrautfrei bleiben. Wenn Sie rund um die Stangen Erde aufhäufeln, bleibt der untere, dicke Abschnitt weiß.

Während des Wachstums gelangen Sand und Erde zwischen die Blätter. Damit beim Essen nichts zwischen den Zähnen knirscht, halbieren Sie die Porreestangen längs, und schneiden Sie die Hälften in kleine Stücke. Diese werden in einem Sieb gründlich mit Wasser gespült, bis der gesamte Schmutz ausgewaschen ist.

KAPITEL 4

Kultivierung von Samen in Erde und Wasser

Obwohl die Kultivierung von Pflanzen aus Samen die natürlichste Art der Pflanzenvermehrung darstellt, scheint dieser Weg beim Thema „nachwachsende Küchenabfälle" nicht unbedingt der naheliegendste zu sein. Es ist aber durchaus möglich, aus Küchenabfällen Samen zu gewinnen. Deren Kultivierung führt zu einer reichen Ernte und ist obendrein spannend. Der Samen von Avocados keimt – zumindest anfänglich – besser in Wasser aus, die Samen aller übrigen Pflanzen wachsen besser in Erde.

Auch als Küchenabfälle enthalten Samen alles, was zum Wachstum einer neuen Pflanze erforderlich ist.

Nicht alle Arten bilden Samen, die das Potenzial einer mit der Mutterpflanze identischen Ernte in sich tragen, denn viele Gartenpflanzen sind Hybride, Kreuzungen aus zwei Sorten. In den Pflanzen, die sich aus den Samen entwickeln, zeigen sich jedoch nur die Merkmale von einer der beiden Elternpflanzen, was aber kein Grund ist, auf Experimente zu verzichten!

Die Kultivierung von Samen macht viel Spaß, auch wenn einige Arten spezielle Anforderungen stellen. Manche müssen geschält und aufgebrochen und durch eine kalte, feuchte Periode aus der Keimruhe geweckt werden, andere müssen fermentieren und wieder trocknen. In den folgenden Pflanzenporträts wird die jeweils optimale Vorgehensweise beschrieben.

Avocadosamen müssen in Wasser vorkeimen, bevor sie in Erde eingepflanzt werden. Näheres hierzu finden Sie auf S. 99.

GEEIGNETE PFLANZENARTEN

- Sämlinge („Microgreens")
- Kürbis und Riesenkürbis
- Zitrusfrüchte
- Tomate
- Melone
- Paprika
- Obstbäume
- Avocado

Mit Microgreens gehen Sie einen Schritt weiter als mit Keimsprossen.

MICROGREENS

Sie kennen sicher Keimsprossen, und hier geht es sozusagen um die nächste Stufe – die Microgreens! Alle im Folgenden vorgestellten Pflanzen schmecken zwar auch als Keimsprossen, doch wenn man sie etwas länger kultiviert, sind sie – zum Beispiel in Salaten, Suppen, auf Sandwiches oder als Garnierung – noch nährstoffreicher. Microgreens sind Keimlinge, die nicht im Glas oder im Beutel wachsen, sondern in Erde, wo sie kräftiger gedeihen. Während man bei Keimsprossen die Keimblätter isst, die schon im Samen angelegt sind, kommen bei den Microgreens noch echte oder „Primärblätter" hinzu. Microgreens sind vollgepackt mit Nährstoffen.

Die folgenden Samen eignen sich gut zur Kultivierung von Microgreens:

- Koriander
- Fenchel
- Linsen
- Senf
- Sesam
- Sonnenblumen

Die Samen von Linsen und Sonnenblumen sind besonders preiswert. Legen Sie beim Zubereiten einer Linsensuppe einfach eine Handvoll Samen für die Kultivierung beiseite. Sonnenblumenkerne finden Sie gelegentlich auch als Bestandteil in Knabbermischungen. Für die Kultivierung benötigen Sie intakte Samen mit Schale. Wenn Sie intensiver in die Kultivierung von Microgreens einsteigen möchten, suchen Sie nach Samen der Black-Oil-Sonnenblumen. Diese sind in der Regel nicht Bestandteil des Küchenvorrats, aber kostengünstig als Vogelfutter erhältlich.

Koriander-, Fenchel-, Senf- und – ungeröstete – Sesamsamen finden Sie im Gewürzregal des Supermarkts. Samen sind unterschiedlich lange lebensfähig, und die trockenen Samen aus dem Gewürzregal sind zudem fürs Kochen gedacht und nicht für die Keimung, daher rate ich zu einer Keimprobe, die Vorgehensweise finden Sie auf S. 24. Falls die Samen im Test nicht keimen, sind sie bereits zu alt für die Aussaat. Immerhin verschwenden Sie dann keine Gewürze für erfolglose Keimversuche. Mit keimfähigen Samen lohnen sich Experimente aber auf jeden Fall.

Microgreens kultivieren

Sie brauchen Blumenerde, eine Anzuchtschale oder eine Plastikkiste mit Löchern im Boden, einen Untersetzer, um Gießwasser aufzufangen, Frischhaltefolie oder einen passenden Deckel sowie eine Gießkanne.

a

b

1. Füllen Sie die Schale oder Kiste mit Blumenerde.
2. Streuen Sie die Samen in dichter Lage auf der Erde aus.
3. Streuen Sie sehr dünn Erde darüber. (a)

4. Gießen Sie, bis die Erde so feucht ist wie ein ausgedrückter Schwamm. Die äußere Samenhülle absorbiert das Wasser und quillt auf, was für den Samen das Signal ist, mit dem Wachsen zu beginnen.
5. Decken Sie die Kiste oder Anzuchtschale mit Frischhaltefolie oder einem Deckel ab, um eine feuchte Atmosphäre zu schaffen. (b)
6. Stellen Sie die Schale oder Kiste an einen Ort mit hellem, aber indirektem Licht.
7. Überprüfen Sie regelmäßig die Feuchtigkeit. Der Boden soll gleichmäßig feucht, aber nicht nass sein.
8. Entfernen Sie die Abdeckung, sobald die Blätter austreiben.

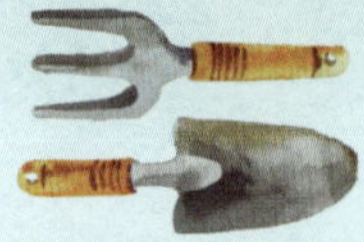

Schon gewusst?

Die Blüte der Sonnenblume ist in Wirklichkeit ein Blütenstand aus Hunderten winziger Blüten. Jede davon bildet einen einzigen Samen, aus denen wunderbare Microgreens auskeimen.

Microgreens sind für eine einmalige Ernte. Nach dem Abschneiden wachsen sie nicht wieder nach.

Praxistipp

Achten Sie darauf, dass die Pflanzkiste Drainagelöcher hat, sonst faulen die Pflänzchen sehr schnell.

Ernten!

Ernten Sie die Microgreens, wenn die Pflänzchen zwei oder drei „echte“ Blattgruppen gebildet haben. Je nach Anordnung der Blätter bedeutet das drei bis vier Einzelblätter. Meist, wenn auch nicht immer, schrumpft der Samen, wenn die ersten echten Blätter auswachsen. Schneiden Sie die Keimsprosse mit der Schere direkt über dem Boden ab. Nach der Ernte wachsen die Microgreens nicht mehr nach. Die Blumenerde kann wiederverwendet werden oder kommt auf den Kompost.

Microgreens sind eine leckere Zutat für Salate, Sandwiches, Wraps und Suppen und eignen sich gut als Garnierung. Baby Leaves schmecken ähnlich wie die Blätter ausgewachsener Pflanzen, haben aber ein etwas milderes Aroma.

Sammeln Sie die Samen Ihres Halloweenkürbisses.

KÜRBIS UND RIESENKÜRBIS

Inzwischen ist das Schnitzen von Kürbisköpfen zu Halloween auch außerhalb der USA verbreitet. Ein weiterer Herbstbrauch ist das Schmücken des Hauses mit dekorativen Kürbissen, wie zum Beispiel Warzen- und Flaschenkürbissen. Früher half mir mein Vater bei den Schnitzarbeiten, und meine Mutter reinigte und röstete die Kürbissamen als Belohnung für unsere Arbeit. Viele Gärtner haben sich schon über die mächtigen Kürbisranken auf ihrem Kompost gewundert, die aus den Resten der Halloweenkürbisse gewachsen waren. Wenn Sie ein paar Kürbissamen säubern, beiseitelegen und kultivieren, können Sie selbst entscheiden, wo die Früchte wachsen.

Die Arten der Kürbisfamilie, wie Gurken, Kürbisse, Riesen- und Flaschenkürbisse, bestäuben sich jeweils gegenseitig. Was aus einem Samen auswächst, richtet sich nach der Pflanze, die Sie gegessen oder ausgehöhlt haben. Sollte diese aus einem Feld mit Tausenden Exemplaren derselben Sorte stammen, ernten Sie wahrscheinlich einen ähnlich aussehenden Kürbis. Stammt sie aber aus einem gemischten Feld, dürfen Sie eine spannende Entwicklung verfolgen, was schließlich noch ein Grund für einen Versuch ist!

Kürbisse und Riesenkürbisse kultivieren

Sie brauchen eine Grabgabel und ein Beet von mindestens 1,50 × 3,50 m Größe, für die Zimmerkultur sind Kürbisse definitiv zu groß. In dieses Beet passen sechs bis neun Pflanzen. Sie werden in gute, warme Erde etwa zu der Zeit gesät, in der Tomaten gepflanzt werden. Säen Sie also im Juni oder Juli für eine Kürbisernte im Herbst.

1. Lockern Sie den Boden im Kürbisbeet mit der Grabgabel oder einem Kultivator auf.
2. Türmen Sie 15 cm hohe Erdhügel auf. Der Abstand der Erdhügel richtet sich nach der Kürbissorte. Wenn Sie die Samen selbst gesammelt haben, kennen Sie die Größe des Ursprungskürbisses. Sollten zu viele Triebe auskeimen, reißen Sie die überzähligen aus.
3. Säen Sie in jeden Hügel drei bis vier Samen im Abstand von 5–10 cm.
4. Gießen Sie nach der Aussaat reichlich.
5. Prüfen Sie regelmäßig die Bodenfeuchtigkeit. Die Erde sollte gleichmäßig feucht, aber nicht nass sein.
6. Düngen Sie wachsende Kürbisse einmal monatlich mit einem Volldünger (7-7-7 oder 10-10-10).

Ernten und wachsen lassen!

Wann sind Kürbisse erntereif? Die Frage ist uralt, und die Antworten sind umstritten. Es trifft zumindest auf keinen Fall zu, dass Kürbisse einen Frost erlebt haben müssen. Im Gegenteil: Starker Frost verwandelt Kürbisse in einen matschigen Haufen. Sie sind reif, wenn die Schale hart und gleichmäßig durchgefärbt ist. Bei gefleckten oder warzigen Kürbissen ist die Überprüfung dieses Kriteriums allerdings eine Herausforderung. Prüfen Sie, ob die Schale hart ist. Ist das der Fall, dann ernten Sie.

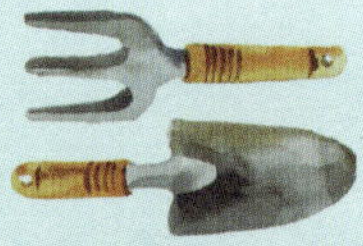

Schon gewusst?

Kürbisblüten sind essbar!

Die Schale dieses Kürbisses glänzt noch zu stark, er ist noch nicht erntereif.

Bei Riesenkürbissen sollte die Schale hart sein und eher matt als glänzend aussehen. Noch unreife Kürbisse haben glänzende Schalen. Wenn sie nach und nach matter werden, sind sie bald erntereif. Lagern Sie Kürbisse und Riesenkürbisse an einem dunklen, kühlen und trockenen Ort, und denken Sie rechtzeitig daran, Samen für die Kultivierung zu entnehmen.

Praxistipp

Kürbisse müssen keinen Frost erlebt haben, um auszureifen. Sie werden gepflückt, wenn die Schale matt wird.

Die immergrünen Zitrusgewächse tragen duftende Blüten und aromareiche Früchte.

ZITRUSGEWÄCHSE

Es macht Spaß, Zitronen, Limetten und Mandarinen im Zimmer zu kultivieren. Im Unterschied zu anderen Obstsorten blühen sie auch im Zimmer und tragen dort auch Früchte. Das ist selbst bei kleineren Pflanzen schon der Fall. Die meisten Zitrusfrüchte im Handel stammen von gepfropften Gehölzen. Die Früchte wachsen auf den Schnittlingen einer Edelsorte, die auf die Unterlage eines anderen Zitrusgewächses gepfropft wurden.

Das Edel- oder Pfropfreis stammt meist von einer Hybride. Apfelsinen, Zitronen, Limetten und Grapefruit sind Produkte von Kreuzungen unterschiedlicher Arten. Die einzelnen Sorten können nur vegetativ über Schnittlinge vermehrt werden. Wenn Sie also die Samen einer Meyer-Zitrone säen und daraus eine Zitruspflanze wächst, muss diese nicht unbedingt Meyer-Zitronen tragen. Die Frucht, die Sie erhalten, kann essbar, kann aber auch zu sauer oder zu bitter sein. Lediglich bei den Samen einer echten Satsuma-Mandarine stehen die Chancen gut, eine Frucht zu ernten, die jener der Mutterpflanze recht nahe kommt. In jedem Fall macht die Kultivierung aber Spaß.

Das Edelreis (Pfropfreis) ist an der Veredelungsstelle mit der Unterlage verbunden. Die Unterlage wird gespalten, das Pfropfreis dann aufgesetzt und die Stelle eng umwickelt.

Für die Aussaat bestimmte Samen dürfen nicht angeschnitten sein. Hier wurde ein Samen zerstört, die übrigen sind aber noch brauchbar.

Zitrusgewächse kultivieren

Sie brauchen Blumenerde, einen Blumentopf, Untersetzer, Frischhaltefolie oder eine Plastikhaube und eine Gießkanne.

Holen Sie die Samen aus der Frucht, und waschen Sie alle Reste der Fruchtpulpe ab, bis die Samen sauber sind. Wenn Sie die Samen noch eine Zeit lang lagern möchten, bewahren Sie sie zwischen feuchtem Küchenpapier in einem Plastikbeutel oder einer Plastikkiste im Kühlschrank auf. Wenn sie austrocknen, verlieren sie ihre Keimfähigkeit.

1. Füllen Sie Blumenerde in den Topf.
2. Setzen Sie mindestens drei Samen hinein.
3. Bedecken Sie die Samen mit 2–3 cm Blumenerde.
4. Gießen Sie, bis die Erde so feucht ist wie ein ausgedrückter Schwamm. Die äußere Samenhülle absorbiert das Wasser und quillt auf, was für den Samen das Signal ist, mit dem Wachsen zu beginnen.

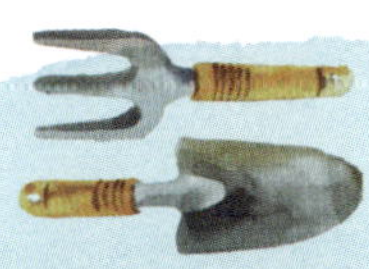

Schon gewusst?

Grapefruits sind Hybride von Apfelsine und Pampelmuse, zwei unterschiedlichen Arten der Gattung Citrus. Die erste kommerziell erfolgreiche rote Pampelmuse war die Sorte „Ruby Red“.

5. Decken Sie den Topf oder die Anzuchtschale mit Klarsichtfolie oder dem Deckel ab, um die Feuchtigkeit darin zu bewahren. Falls Sie ohne Abdeckung im Freien gesät haben, müssen Sie darauf achten, dass die Erde während der Samenkeimung feucht bleibt. [a]
6. Stellen Sie Schale oder Topf an einen Platz mit hellem, aber indirektem Licht.
7. Prüfen Sie regelmäßig die Bodenfeuchtigkeit, die Erde sollte gleichmäßig feucht, aber nicht nass sein.
8. Entfernen Sie die Abdeckung, sobald die Samen ausgekeimt sind.

Ernten und wachsen lassen!

Sobald die Samen ausgekeimt sind, brauchen Sie nur noch das Wachstum zu fördern. Es kann dauern, bis Blüten und Früchte gebildet werden, die ersten Blüten erscheinen nach vier bis fünf Jahren. Stellen Sie den Topf während des Wachstums an einen Platz mit hellem, aber indirektem Sonnenlicht. West- oder Südfenster sind ideal. Sorgen Sie dafür, dass die Erde stets feucht bleibt wie ein ausgedrückter Schwamm. Während des Wachstums, das sich in neuen, hellgrünen Blättern äußert, braucht die Pflanze einen speziellen Dünger für Zitrusgewächse.

Stellen Sie den Topf im Sommer ins Freie, denn im Zimmer leiden Zitrusgewächse stärker unter Stress und werden anfällig für Blattspinnmilben und Schildläuse. Wenn

Ein Zitrusbäumchen im Zimmer

der Topf draußen steht, können natürliche Feinde das Schädlingsproblem lösen. Härten Sie die Pflanzen zu Beginn für eine Woche lang an einem geschützten Platz ab. Anschließend kann der Topf mit der Pflanze an einem windgeschützten sonnigen Platz stehen. Die Erde muss gleichmäßig feucht bleiben. Holen Sie den Topf wieder ins Zimmer, wenn die Temperatur unter 4–5 °C fällt. Jeden zweiten Frühling sollte das Zitrusgewächs in einen jeweils 10–15 cm breiteren Behälter umgetopft werden. Füllen Sie Erde auf den Boden des neuen Topfs, setzen Sie den Wurzelballen darauf, und füllen Sie den Behälter bis 2–3 cm unter den Rand mit Blumenerde. Begraben Sie den Wurzelballen nicht zu tief unter neuer Erde.

Weil es nicht vorhersagbar ist, welche Frucht die ausgesäte Pflanze bildet, ist die Frage, wann die Früchte erntereif sind, nicht leicht zu beantworten. Die Art der Frucht, aus der die Samen stammen, gibt nur einen vagen Hinweis. Sie müssen letztlich auf gut Glück pflücken und probieren. Vergiften werden Sie sich nicht, aber die Frucht kann ungenießbar sein. Die Früchte von ausgesäten Zitrusgewächsen sind in der Regel zumindest saurer, als es die Frucht war, aus der die Samen stammen.

Praxistipp

Die Mehrausgabe für einen Zitrusdünger lohnt sich. Zitrusgewächse benötigen einen besonderen Düngeplan, der auf der Packung vermerkt ist. Außerdem haben Zitruspflanzen einen speziellen Nährstoffbedarf, der durch den Spezialdünger gedeckt wird.

Nichts schmeckt besser als Tomaten aus eigenem Anbau.

TOMATEN

Dieselben Probleme mit Hybriden, die es bei Zitrusgewächsen und Kürbissen gibt, treten auch bei Tomaten auf. Wenn Sie alte Kultursorten kaufen, ist diese Gefahr geringer, da sie normal bestäubt werden und lebensfähige Samen bilden. Die so entstehenden Früchte werden noch am ehesten den Früchten der Mutterpflanze ähneln. Allerdings sind die Bezeichnungen alter Sorten nicht geschützt, sodass Sie nicht unbedingt mit verlässlichen Resultaten rechnen dürfen.

Wenn Sie Tomaten aus offener Bestäubung selbst kultiviert oder gekauft haben, sollten Sie die Samen sammeln. Wenn Sie auf eine besonders köstliche Sorte stoßen, lohnt sich der Versuch, Tomaten mit ähnlich aromatischen Früchten daraus zu kultivieren. Tomatensamen müssen fermentiert werden, um die Fruchtpulpe zu entfernen, die keimungshemmende Substanzen enthält.

a

Tomaten kultivieren

Sie brauchen Blumenerde, einen Blumentopf oder eine Anzuchtschale oder eine Topfplatte, Untersetzer, Frischhaltefolie oder eine Plastikhaube sowie Stützen und Schnur oder Schlaufen zum Festbinden.

1. Füllen Sie die Topfplatte oder den Topf mit Blumenerde
2. Säen Sie in jeden Topf der Platte zwei Samen, in den Blumentopf je zwei Samen im Abstand von mindestens 7–8 cm.
3. Bedecken Sie die Samen dünn mit Erde.
4. Gießen Sie, bis die Erde so feucht ist wie ein ausgedrückter Schwamm.
5. Decken Sie den Topf oder die Anzuchtschale mit Klarsichtfolie oder einem Deckel ab, um die Feuchtigkeit darin zu bewahren.
6. Stellen Sie die Schale oder den Topf an einen Platz mit hellem, aber indirektem Licht. Noch besser für die wachsenden Pflanzen ist eine künstliche Beleuchtung.
7. Entfernen Sie die Abdeckung, sobald die Samen ausgekeimt sind. (a)
8. Prüfen Sie regelmäßig die Bodenfeuchtigkeit, die Erde sollte gleichmäßig feucht, aber nicht nass sein.
9. Wenn die Pflanzen mindestens drei oder vier Blattpaare gebildet haben, werden sie zum Abhärten erst in den Garten gestellt und dann eingepflanzt.

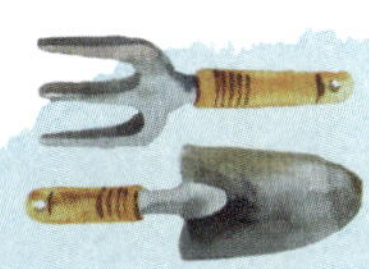

Schon gewusst?

Eine der wilden Urformen der Tomate ist eine Kletterpflanze aus Peru mit dem botanischen Namen Solanum pimpinellifolium, deren Frucht nur so groß ist wie eine Erbse.

Samen durch Fermentieren reinigen

Damit die Samen vor der Aussaat vollständig sauber sind und nicht faulen, müssen sie fermentiert werden, denn der Zucker in der Fruchtpulpe zieht Bakterien und Pilze an. Dieser Prozess ist sowohl bei Tomaten als auch bei Auberginen und Kürbissen erforderlich.

Sie brauchen ein feines Küchensieb, ein Deckelglas, einen Löffel sowie Küchenpapier oder einen Trockenrahmen.

1. Drücken Sie die Samen aus der Frucht heraus. Etwas von der Fruchtpulpe muss noch daran haften bleiben. (a)
2. Geben Sie Samen und Fruchtpulpe in das Deckelglas. Schließen Sie den Deckel, und lassen Sie das Glas zwei bis drei Tage stehen. (b)
3. Rühren Sie den Ansatz täglich um.
4. Geben Sie ein paar Esslöffel Wasser dazu, und vermischen Sie alles vorsichtig.

Tomatensamen sind winzig.

5. Wenn die Samen sich von der Fruchtpulpe getrennt haben und zu Boden gesunken sind, gießen Sie die Fruchtpulpe ab, die oben auf der Flüssigkeit schwimmt.

6. Waschen Sie die Samen in einem Sieb mit sauberem Wasser. (C)

7. Breiten Sie die Samen auf einem sauberen Küchentuch oder trockenen Papiertüchern für sieben Tage zum Trocknen aus.

Nach der Fermentierung werden die Samen auf einem Trockenrahmen ausgebreitet und täglich bewegt. Bewahren Sie die trockenen Samen in einem sauberen, trockenen Plastikbeutel oder Glas auf.

Praxistipp

Manchmal verkleben die fermentierten Samen zu einem festen Klumpen, der auf der Wasseroberfläche schwimmt. Einen solchen Klumpen, dessen Konsistenz an verfestigten Schleim erinnert, sollten Sie wegwerfen.

Ernten und wachsen lassen!

Tomaten werden erst in den Garten gepflanzt, wenn die Temperaturen auch bei Nacht die Marke von 20 °C nicht deutlich unterschreiten, sie mögen es warm! Unbegrenzt wachsende – sogenannte indeterminierte – Sorten benötigen Stützen. Dass es sich um eine solche Sorte handelt, merken Sie bald am enormen Höhenwachstum. Die Pflanzen von determinierten oder Strauchtomaten erreichen meist nur eine Höhe von etwa 120 cm. Versorgen Sie die Pflanzen während der Wachstumsphase mit Tomatendünger.

Praxistipp

Entfernen Sie beim Auspflanzen der jungen Tomatenpflanzen alle Blätter bis auf das oberste Paar, und pflanzen Sie die Tomate so tief ein, dass diese Blätter gerade eben herausschauen.

Tomatenfrüchte sind reif, wenn sie die für die jeweilige Sorte typische Farbe angenommen haben. Machen Sie bei Früchten mit ungewöhnlichen Farben am besten einen Geschmackstest! Heben Sie Samen der leckersten Tomaten für das Nachwachsen im nächsten Jahr auf.

Die Samen von Melonen werden wie bei Kürbissen entnommen, müssen aber wie Tomatensamen vor der Aussaat durch Fermentation von der Fruchtpulpe befreit werden.

MELONEN

Melonen gehören zur selben Familie wie Kürbisse. Es handelt sich meist um Hybride, die fremd bestäubt werden können. Wenn Sie im Garten genügend Platz haben, ist die Kultivierung der Samen einer gekauften Melone ein spannendes Abenteuer – und die Ungewissheit ist Teil des Vergnügens. Immer her mit den Mutantenmelonen!

Wie bei Tomaten müssen die Samen vor der Aussaat fermentieren, nutzen Sie dazu die Anleitung auf den Seiten 86 und 87. Allerdings sollten Sie etwas mehr Wasser dazugeben, die Fruchtpulpe von Melonen ist weniger saftig als bei Tomaten.

Melonen kultivieren

Sie brauchen eine Grabgabel und ein Beet von mindestens 1,50 × 3,50 m Größe, wie Kürbisse sind auch Melonen für die Zimmerkultur definitiv zu groß. In das Beet passen vier bis acht Samen. Sie werden in gute, warme Erde gesät, etwa zu der Zeit, in der auch Tomaten gepflanzt werden.

1. Lockern Sie den Boden in Ihrem Melonenbeet mit der Grabgabel oder mit einem Kultivator auf.
2. Türmen Sie 15 cm hohe Erdhügel auf.
3. Säen Sie auf jeden Hügel drei bis vier Samen im Abstand von 5–10 cm. Der Abstand der Erdhügel richtet sich nach der Melonensorte. Wenn Sie die Samen selbst gesammelt haben, kennen Sie die Größe der Ursprungsmelone. Sollten zu viele Triebe auskeimen, reißen Sie die überzähligen aus.
4. Gießen Sie nach der Aussaat reichlich.
5. Prüfen Sie regelmäßig die Bodenfeuchtigkeit, die Erde sollte gleichmäßig feucht, aber nicht nass sein.
6. Düngen Sie wachsende Melonen einmal monatlich. (a)

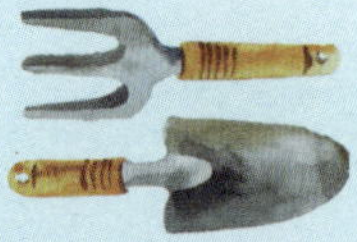

Schon gewusst?

Cantaloupe-Melonen, die einen starken Moschusgeruch haben, wurden schon vor 5000 Jahren in Vorderasien kultiviert.

Die großen und langen Melonenpflanzen brauchen viel Platz im Garten.

Ernten und wachsen lassen!

Wenn Sie Melonensamen säen, dürfen Sie sich auf überraschende Ergebnisse freuen. Die sicherste Methode, den Zeitpunkt der Erntereife zu ermitteln, ist der Vergleich mit der Ursprungsmelone. Falls Sie genügend Melonen in der Nachzucht haben, können Sie im Verlauf des Reifungsprozesses einzelne Früchte ernten und den Geschmack testen. Es gibt keine Möglichkeit, das Ergebnis vorherzusagen – wenn das Resultat auf geschmacklicher Ebene unbefriedigend ist, sind Sie zumindest um eine Erfahrung im Melonenanbau reicher. Wenn die Melone aber schmeckt, merken Sie sich, wie lange sie bis zur Reife gebraucht hat.

Praxistipp

Cantaloupe-Melonen sind erntereif, wenn die Schale unter der Netzstruktur auf der Oberfläche hellbraun wird.

PAPRIKA

Von der Art Capsicum annuum wurden im Laufe von Jahrhunderten Hunderte von unterschiedlichen Sorten gezüchtet und angebaut. Paprika spielte früher auch eine gewisse Rolle in der Pflanzenmedizin, er ist aber vor allem in der Küche vielseitig verwendbar.

Grundsätzlich unterscheidet man zwischen Gemüse- und Gewürzpaprika. Die beliebten grünen Paprika werden im unreifen Zustand geerntet, die Samen darin sind noch nicht ausgereift. Tatsächlich gilt das für die meisten Paprikaschoten im Handel. Damit sind auch die enthaltenen Samen noch unreif und nicht keimfähig. Wenn Sie eigene Paprika ernten wollen, kaufen Sie Paprikasamen, oder machen Sie einen Ableger von einer wachsenden Pflanze. Dann lassen Sie einige Früchte ausreifen, bis diese schrumpelig sind. Jetzt können Sie Samen entnehmen und auf Küchenpapier trocknen.

Paprika kultivieren

Sie brauchen Blumenerde, eine Anzuchtschale beziehungsweise Topfplatte oder einen Blumentopf, Untersetzer, Frischhaltefolie oder eine Plastikhaube sowie Stützen und Schnur oder Schlaufen zum Anbinden. Auch Paprika mögen es warm und werden erst in den Garten gepflanzt, wenn die Temperaturen dauerhaft auch nachts 20 °C erreichen.

a

1. Füllen Sie die Topfplatte oder den Topf mit Blumenerde.
2. Säen Sie in jeden Topf der Platte zwei Samen oder in den Blumentopf je zwei Samen im Abstand von 7–8 cm.
3. Bedecken Sie die Samen dünn mit Erde.
4. Gießen Sie, bis die Erde so feucht ist wie ein ausgedrückter Schwamm. Die äußere Samenhülle absorbiert das Wasser und quillt auf, was für den Samen das Signal ist, mit dem Wachsen zu beginnen.
5. Decken Sie den Topf oder die Anzuchtschale mit Klarsichtfolie oder dem Deckel ab, um eine feuchte Atmosphäre zu bewahren.
6. Stellen Sie Schale oder Topf an einen Platz mit hellem, aber indirektem Licht. Noch günstiger ist eine künstliche Beleuchtung für die wachsenden Pflanzen.
7. Entfernen Sie die Abdeckung, sobald die Samen ausgekeimt sind. [a]
8. Die Bodenfeuchtigkeit prüfen. Die Erde sollte feucht, aber nicht nass sein.
9. Wenn die Pflanzen mindestens drei oder vier Blattpaare gebildet haben, werden sie zuerst zum Abhärten in den Garten gestellt und dann eingepflanzt.

Ernten und wachsen lassen!

Den Erntezeitpunkt einer Paprikafrucht zu bestimmen, ist nicht ganz einfach. Fast jede Sorte kann grün geerntet und gegessen werden, schmeckt dann aber eventuell leicht bitter. Halten Sie fest, welche Farbe die „Mutterfrucht“ zum Zeitpunkt ihrer tatsächlichen Reife hatte, und ernten Sie die neuen Früchte dann, wenn sie genau diese Farbe haben.

Capsicum-Früchte, wie diese Peperoni, liefern erst keimfähige Samen, wenn die Schale schrumpelig wird.

Schon gewusst?

Die Schärfe einer Paprikasorte ist abhängig vom enthaltenen Capsaicin. Die unterschiedlichen Sorten der Gattung Capsicum erreichen Werte auf der Scoville-Skala von null bei Gemüsepaprika bis zu etwa drei Millionen bei einigen Peperonisorten.

Praxistipp

Tragen Sie beim Arbeiten mit scharfen Peperoni Handschuhe, und vermeiden Sie Augenkontakt! Ich musste auf die harte – und enorm schmerzhafte – Tour lernen, wie ernst diese Warnung zu nehmen ist.

Ein junger Apfelbaum mit Früchten

SAMEN VON OBSTBÄUMEN

Manche Samen müssen mit Kälte und Feuchtigkeit aus der Samen- beziehungsweise Keimruhe geweckt werden. In der Natur erfolgt diese sogenannte Stratifikation, wenn der Samen auf den Boden fällt und den kalten, feuchten Winter erlebt, um im Frühling zu keimen.

Wieder andere Samen müssen eine Skarifikation durchlaufen. Dabei wird die Samenschale geöffnet, wenn der Samen den Verdauungstrakt eines Tieres durchläuft und wieder ausgeschieden wird. Dabei bricht die Magensäure die Samenschale auf. Sie übernehmen diese Aufgabe, indem Sie die Samenschale anritzen oder aufschneiden.

Die Samen der meisten Obstbäume sind auf eine der beiden Methoden angewiesen.

Samen von Apfel- und Birnbäumen

Äpfel und Birnen sind die Produkte gepfropfter Bäume. Aus dem Samen eines Granny-Smith-Apfels wird demnach ein Apfelbaum wachsen, aber er wird keine Granny-Smith-Äpfel tragen!

Die Samen von Äpfeln und Birnen sind einfach zu ernten. Pulen Sie die Samen aus dem Kerngehäuse, und entfernen Sie die Reste der Fruchtpulpe. Waschen und trocknen Sie die Samen, und lagern Sie sie bis Januar oder Februar an einem kühlen, trockenen Ort.

Wie auf Seite 95 angesprochen, müssen die Samen stratifiziert werden, um die Keimruhe zu brechen. In der Natur fällt der Apfel vom Baum und liegt den Winter über auf dem Boden. Die Samen keimen erst, wenn sie Kälte und Feuchtigkeit „erlebt" haben. Stratifikation ist auch im Haus möglich. Sie brauchen dazu entweder Torfmoos aus dem Blumenladen beziehungsweise dem Gartencenter oder Streifen von Küchenpapier und ein Schraubglas.

1. Vermischen Sie die Samen mit dem Moos oder Papier und etwas Wasser, bis die Mischung gerade so feucht ist wie ein ausgedrückter Schwamm.
2. Schrauben Sie den Deckel zu, und stellen Sie das Glas in den Kühlschrank.
3. Lassen Sie das Glas mindestens zwei Monate im Kühlschrank stehen. Nach den letzten Frösten des Frühjahrs können Sie aussäen.

Alle Obstbäume brauchen volle Sonne und feuchten, gut wasserdurchlässigen Boden mit leicht saurem pH-Wert. Wenn das Bäumchen im Garten wachsen soll, beginnen Sie die Aufzucht in einem Blumentopf. Das Bäumchen wird ausgepflanzt, wenn es etwa 60–90 cm hoch ist.

Samen von Steinfrüchten

Steinfrüchte, wie Kirschen, Pfirsiche, Nektarinen und Pflaumen, müssen ebenfalls eine nasse, kalte Phase durchlaufen, bevor sie keimen. Zusätzlich muss ihre harte Schale aufgebrochen werden. Brechen Sie nach der Stratifikation – siehe oben bei Äpfel und Birnen – mit einem Nussknacker die äußere Schale vorsichtig an. Zerquetschen Sie dabei aber nicht den Samen mit dem Embryo, der dann nicht mehr keimen würde.

Knacken Sie mit einem Nussknacker die harte äußere Schale des Pfirsichsamens.

Obstbäume aus Samen kultivieren

Sie brauchen Blumenerde, einen Blumentopf mit Untersetzer, einen Nussknacker und eine Gießkanne.

1. Pflanzen Sie den Samen, nachdem er stratifiziert wurde. Beim Stratifizieren wird er Kälte und Feuchtigkeit ausgesetzt, um die Keimruhe zu beenden, siehe S. 96.
2. Achten Sie während der Keimung auf die Bodenfeuchtigkeit. Der Boden darf niemals vollständig austrocknen.
3. Kultivieren Sie die Pflanze im Topf, bis sie mindestens 15 cm hoch ist. Bäume, die im Freien wachsen, liefern bessere Ergebnisse als solche im Zimmer. (a)

Ernten und wachsen lassen!

Pflanzen Sie das Obstbäumchen in den Garten, wenn es mindestens 15 cm hoch ist. Alle Obstbäume brauchen wasserdurchlässigen Boden und mindestens sechs bis acht Stunden Sonne am Tag.

Bei fast allen Obstbäumen sind spezielle Maßnahmen erforderlich, um Schädlinge und Krankheiten einzudämmen. Wenn Sie den Baum bis zur Reife kultivieren möchten, sollten Sie sich über die hierzu erforderlichen Schritte informieren.

Es kann viele Jahre dauern, bis ein aus einem Samen gezogener Obstbaum zum ersten Mal Früchte trägt – und es ist nicht sicher, welche Sorte sie sein werden. Erfreuen Sie sich am Wachstum des Baums und den wunderschönen Blüten – und wenn es einmal so weit ist, kosten Sie die Früchte. Die größte Freude aber wird sein, wenn Sie voller Stolz sagen können: „Diesen Baum habe ich aus einem Samen kultiviert!“

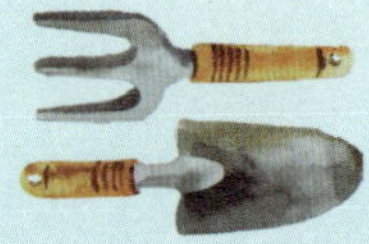

Schon gewusst?

Während Obstbäume aus den Tropen meist immergrün sind, werfen die Obstbäume der kühleren Breiten im Herbst ihre Blätter ab.

Praxistipp

Die meisten Obstbäume tragen nur Früchte, wenn sie fremdbestäubt werden. Dazu muss der Pollenspender zur gleichen Zeit blühen. Diese Tatsache erschwert die Kultivierung von Obstbäumen aus Samen. Es gibt nur eine Handvoll Arten, die nicht auf Fremdpollen angewiesen sind – dazu gehören Nektarinen, Pfirsiche und Sauerkirschen.

AVOCADO

Avocadobäume, die in kommerziellen Plantagen wachsen, sind genauso wie Zitrusgewächse sowie Apfel- und andere Obstbäume gepfropft, eine bekannte Edelsorte wird auf diese Weise mit einer Unterlage verbunden. Wie bei den Zitrusgewächsen ist die Kultivierung von Avocados daher eher ein spannendes Experiment und keine gezielte Maßnahme zur Ernte gleicher neuer Avocadofrüchte.

Avocados gedeihen nur in Regionen, in denen die Temperatur nicht unter –7 °C fällt, und selbst das gilt nur für die besonders kälteresistenten Sorten. Bis zum Fruchtansatz vergehen 5 bis 15 Jahre. Da sie als fremdbestäubte Art auf einen Pollenlieferanten angewiesen ist, bräuchten Sie im Grunde gleich zwei Avocadobäume. Wenn Sie nicht gerade ein großes Gewächshaus Ihr Eigen nennen, haben Sie dafür wohl keinen Platz.

Selbst wenn es Ihnen gelänge, aus Samen zwei Bäume heranzuziehen, kann es immer noch passieren, dass diese nicht zur selben Zeit oder gar nicht blühen. In allen Fällen gibt es keine Früchte. Bringen Sie den Avocadosamen zum Keimen, weil es Spaß macht, und vergessen Sie die Früchte. So geht's:

Avocados aus Kernen kultivieren

Sie brauchen einen Reinigungsschwamm mit rauer Oberfläche, drei oder vier Zahnstocher, ein Glas, einen stabilen Plastikbecher oder ein Hyazinthenglas, Wasser und schließlich Blumenerde und einen Blumentopf mit Untersetzer.

1. Säubern Sie den Avocadokern. Halten Sie ihn unter Wasser, und entfernen Sie vorsichtig die Reste des Fruchtfleisches. Die raue Oberfläche des Reinigungsschwamms kommt bei hartnäckigen Resten zum Einsatz. (a)

2. Bestimmen Sie Spitze und Basis des Kerns – in der Regel ist die Basis, das Wurzelende, etwas breiter als die Spitze. Am einfachsten geht das, wenn Sie die Position der Spitze schon markieren, wenn der Kern noch in der Frucht sitzt. Es ist die Seite, an welcher der Fruchtstiel ansetzt.

3. Stecken Sie drei oder vier Zahnstocher etwa in der Mitte in den Kern. Die Zahnstocher sollten etwa den gleichen Abstand zueinander haben und dienen dazu, den Kern sicher im Glas zu positionieren. (b)

4. Füllen Sie das Glas bis fast zum Rand mit Wasser in Zimmertemperatur. Die Größe des Glases spielt keine Rolle.

5. Platzieren Sie den Avocadokern mit den Zahnstochern im Glas. Das Wurzelende muss sich im Wasser befinden.

6. Stellen Sie das Glas an einen warmen Ort, aber nicht in direktes Sonnenlicht. Wechseln Sie das Wasser einmal pro Woche, damit sich darin keine Bakterien und Pilze ausbreiten können. Achten Sie darauf, dass auch das Wasser, welches Sie nachfüllen, Zimmertemperatur hat. C

C

Wachsen lassen!

Aus dem unteren Ende des Avocadokerns wächst eine Wurzel und aus dem oberen Ende eine Sprossachse aus. Wenn die Spitze des Kerns aufbricht, dauert es nicht mehr lange, bis sich der Spross zeigt. Während des Wachstums in Wasser dürfen weder die Wurzel noch die Basis des Kerns trockenfallen.

Stellen Sie die Pflanze an einen Ort mit mehr Licht, sobald sich der Spross zeigt. Wenn die Pflanze 15–30 cm hoch ist, wird sie in einen Blumentopf mit etwa 30 cm Durchmesser gepflanzt. Der Kern darf dabei nicht vollständig mit Erde bedeckt sein, seine Spitze muss noch etwas aus der Erde herausragen. Halten Sie die Erde so feucht wie einen ausgewrungenen Schwamm, und lassen Sie der Pflanze so viel – indirektes – Licht zukommen wie möglich. Stellen Sie den Topf im Sommer ins Freie. Nachdem sie für einige Tage an einer geschützten Stelle abgehärtet wurde, verträgt die Pflanze mehr direkte Sonneneinstrahlung.

Die Avocadopflanze wächst nicht zu einem Baum heran, wenn sie bei einer Höhe von 30–45 cm um die Hälfte zurückgeschnitten wird. Der Rückschnitt regt sie dazu an, Seitentriebe zu bilden. Durch regelmäßigen Rückschnitt bleibt die Pflanze dauerhaft klein.

Praxistipp

Der Avocadokern darf niemals austrocknen. Maßnahmen zur Bewurzelung sollten daher unmittelbar nach dem Herauslösen aus der Frucht beginnen. Wenn das nicht möglich ist, schlagen Sie den Kern in feuchtes Küchenpapier ein, und legen Sie ihn in eine Kiste, bis Sie die oben beschriebenen Schritte starten können.

KAPITEL

5

Regrow von Pflanzen und Sprossen in Wasser

Wenn Sie die Lebensdauer eines Romanasalats, den Sie zum Essen gekauft haben, etwas verlängern möchten, lassen Sie ihn nachwachsen! Viele Pflanzen bilden sowohl in Wasser als auch in Erde neue Wurzeln. Manche reagieren auf beide Medien gleich gut, andere ziehen eines von beiden vor. Wasser hat den Vorteil, dass Sie das Wachstum der Wurzeln besser verfolgen können. Entweder ziehen Sie die Pflanze zur Prüfung heraus, oder Sie verwenden ein durchsichtiges Glas- oder Kunststoffgefäß. Das Nachwachsenlassen in Wasser ist außerdem die sauberere Angelegenheit.

Wenn die Wurzeln nachgewachsen sind, können Sie entweder aus der Wasserkultur so lange ernten wie möglich oder die Pflanze in Erde setzen. Bei manchen Arten lohnt sich das Umsetzen in Erde, bei anderen ist es sinnvoller, nur das zu ernten, was sie in der Wasserkultur liefern, und die Reste zu kompostieren. Porree lässt sich beispielsweise gut in Wasser bewurzeln und wächst dann in Erde für eine zweite Ernte weiter. Salat andererseits bildet dann zwar eine Handvoll neuer Blätter, geht aber rasch in die Blütenbildung – das „Schießen“ – über und muss entsorgt werden.

Bei den meisten Arten spricht der geringe Aufwand, der sich auch für eine kleinere Ernte lohnt, für eine Kultivierung in Wasser. So gehen Sie vor:

GEEIGNETE PFLANZENARTEN

- Salat und Kopfkohl, z. B. Chinakohl
- Staudensellerie
- Frühlingszwiebeln
- Fenchel
- Zitronengras
- Gewürze (Sprossstecklinge)
- Ananas

Von links nach rechts: Kopfsalat, Ableger von Süßkartoffeln und Staudensellerie in Wasser – Salat und Sellerie wachsen besonders leicht wieder nach.

Werfen Sie den unteren Teil des Salatkopfs nicht weg – einfach in Wasser stellen!

SALAT

Kopfsalat wächst überaus bereitwillig wieder nach. Romana- und Buttersalat sowie grün- und rotblättrige Salate eignen sich besonders gut. Sie gedeihen praktisch von allein und machen in der Regel keinerlei Probleme. In einer Schüssel oder Kiste können gleich mehrere Exemplare wachsen, zum Beispiel idealerweise Romanasalat oder Salate aus Hydrokultur mit intakter Sprossbasis oder Wurzeln.

Beim Bewurzeln von Kopfsalat bilden sich zwar nicht zwangsläufig neue Wurzeln, aber auf jeden Fall, je nach Sorte, acht bis zehn neue Blätter. Die werden etwas kleiner sein als die Originalblätter, eignen sich aber immer noch hervorragend für eine vielfältige Verwendung in der Küche. Es kann vorkommen, dass das Salatherz zu faulen beginnt, dann wird es Zeit für den Kompost.

Salat nachwachsen lassen

Sie brauchen ein Glas oder eine Schüssel und ein sauberes, scharfes Messer. Zahnstocher sind hilfreich.

1. Füllen Sie das Glas oder die Schüssel 2–3 cm hoch mit Wasser.
2. Schneiden Sie die Blätter oben vom Salatkopf gerade ab, sodass etwa 7–8 cm vom Salatkopf übrig bleiben. Auf diese Weise wird die Sprossspitze nicht beschädigt, ohne die keine neuen Blätter austreiben. (a)
3. Falls der Salat nicht auf dem Boden des Glases aufsetzen, sondern „frei schweben" soll, fixieren Sie ihn mit drei oder vier Zahnstochern, die Sie gleichmäßig 2–3 cm über der Basis hineinstecken. Die Zahnstocher liegen auf dem Glasrand auf und halten den Salat.
4. Egal wie Sie ihn im Wasser platzieren, achten Sie darauf, dass der Salat nicht tiefer als 2–3 cm ins Wasser eintaucht. (b)

5. Stellen Sie das Glas oder die Schüssel an einen hellen Ort mit indirektem Licht. Je mehr Licht der Salat bekommt, desto größer, grüner und aromatischer werden die Blätter.
6. Wechseln Sie das Wasser alle paar Tage.

Ernten und wachsen lassen!

Verwenden Sie die neuen Blätter nach Bedarf in der Küche, bis die Pflanze schießt.

Sie können auch einen Salat in den Garten pflanzen und blühen lassen, um die Samen einzusammeln. Was aus ihnen wächst, ist abhängig davon, ob die Mutterpflanze offen bestäubt wurde oder ein F1-Hybrid war. Es macht auf jeden Fall Spaß, den gesamten Lebenszyklus eines Salats zu verfolgen und zu ernten, was immer er liefert, auch wenn es etwas Unerwartetes ist.

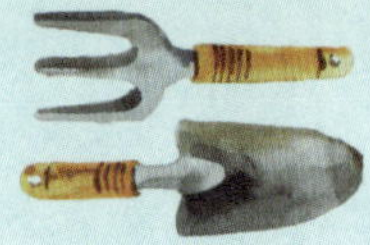

Schon gewusst?

Kopfsalat stammt ursprünglich aus der Mittelmeerregion, und man kann schon in ägyptischen Grabmalereien Sorten mit langen, dicken Stängeln und spitzen Blättern bewundern. Auf diese sehr alten Sorten geht der moderne Romanasalat zurück. Die erste der knackigen Salatsorten, die heute meist als „Eisbergsalat" im Handel sind, heißt „Great Lakes", stammt aus dem Jahr 1941 und wird noch immer angebaut.

Praxistipp

Kopfsalat ist eine „Langtagspflanze". Er geht dann zur Blütenbildung über, wenn er länger als zwölf Stunden dem Licht ausgesetzt ist – in unseren Breiten also im Sommer. Auch die Temperatur spielt eine Rolle: Salat bildet Blätter, solange es kühl ist, und schießt bei Hitze. Die dann entstehenden Samen können Sie sammeln, das ist meist im Spätfrühling und Frühsommer.

Achten Sie beim Einkauf darauf, dass die Basis des Staudenselleries noch intakt ist.

STAUDENSELLERIE

Wenn die Basis intakt ist, steckt noch eine Menge Leben in Staudensellerie, und er wächst problemlos nach. Die von den Blattstielen umgebene Sprossspitze treibt wieder aus. Abgetrennte Blattstiele und Blätter bilden allerdings keine neuen Wurzeln, da Blattstiele keine Knospen enthalten.

Staudensellerie ist eine wichtige Zutat von Suppen, Eintöpfen und Salaten. Er ist knackig und enthält kaum Kalorien. Nachwachsende Blattstiele sind übrigens deutlich aromatischer als das „Original".

Staudensellerie nachwachsen lassen

Sie brauchen ein Glas oder eine Schüssel und ein scharfes Messer.

1. Füllen Sie das Glas oder die Schüssel 2–3 cm hoch mit Wasser.
2. Schneiden Sie die Blattstiele etwa 7–8 cm oberhalb der Basis ab. Sellerie wächst aus dem Zentrum nach. (a)
3. Platzieren Sie die Pflanze im Wasser, und achten Sie dabei darauf, dass maximal 2–3 cm der Pflanze im Wasser stehen. (b)
4. Stellen Sie das Glas oder die Schüssel an einen hellen Ort mit indirektem Licht. Je mehr Licht er bekommt, desto langlebiger wird der nachwachsende Sellerie sein und desto grüner die Blattstiele.
5. Alle paar Tage das Wasser wechseln, es wird sonst trüb und riecht unangenehm.
6. Entfernen Sie sorgfältig Teile, die zu faulen beginnen, damit die Pflanze sauber bleibt und die Blattstiele gut schmecken.

Praxistipp

Staudensellerie ist eine Pflanze der kühleren Regionen. Pflanzen Sie ihn entweder im Frühling oder Spätsommer in den Garten. Die größte Ernte – die bis zu den ersten Frösten andauert – ist zu erwarten, wenn er im Spätsommer gepflanzt wird.

Schon gewusst?

Eine Legende besagt, dass ein ungeduldiger Gast in einer Bar nicht auf ein Rührstäbchen für seine Bloody Mary warten wollte, sondern sich eine Selleriestange vom Büfett griff und damit umrührte. Ob das nun wirklich so geschehen ist oder nicht – heute gehört eine Selleriestange einfach zu einer Bloody Mary!

Ernten und wachsen lassen!

Wenn die ersten Wurzeln erscheinen, können Sie den Staudensellerie ins Freie pflanzen. Setzen Sie die bewurzelte Pflanze so tief ein, dass nur 1–2 cm von ihr aus der Erde ragen. Sobald sich die neuen Blätter zeigen, werden die alten Blattstiele mit etwas Erde bedeckt. Das sieht nicht nur ordentlicher aus, es hält auch die Fruchtfliegen ab.

Staudensellerie ist sehr durstig, der Boden muss gleichmäßig feucht, darf aber nicht nass sein. Brechen Sie jeweils so viele Blattstiele ab, wie Sie brauchen. Einige müssen jedoch immer stehen bleiben, sie tragen zum Nährstoffhaushalt der Pflanze bei. Irgendwann wird aus der Mitte ein Blütenstängel austreiben. Lassen Sie ihn wachsen, und nutzen Sie die Samen zum Kochen oder zur Aussaat für neue Selleriepflanzen.

Pflanzen Sie bewurzelten Staudensellerie in einen Topf mit Erde oder ins Beet.

FRÜHLINGS- ODER LAUCHZWIEBELN

Frühlings- oder Lauchzwiebeln geben jedem deftigen Gericht erst das richtige Aroma. Sie sind aber nicht billig und werden rasch welk oder schleimig. Es ist also sinnvoll, stets einen frischen Vorrat in der Küche zu haben.

Frühlingszwiebeln werden gewöhnlich im Bund verkauft. Jede Zwiebel ist eine eigene Pflanze mit Wurzeln an der Basis und darüber einem weißen, glatten Abschnitt und grünen Blättern. Frühlingszwiebeln wachsen sowohl in Wasser als auch in Erde nach. Im Wasser bewurzelte Exemplare können Sie für eine längerfristige Ernte später auch in den Garten pflanzen – Sie können sie aber auch direkt in die Erde pflanzen. Die Anleitung hierzu finden Sie im Abschnitt über Porree auf Seite 68. Im Folgenden wird die Kultivierung in Wasser geschildert, die weniger Schmutz verursacht als die Kultivierung in Erde.

Diese Frühlingszwiebeln sind nachgewachsen und können gegessen werden!

Frühlingszwiebeln nachwachsen lassen

Sie brauchen ein Glas oder eine Schüssel, ein scharfes Messer und eine Handvoll saubere Kieselsteine.

1. Schneiden Sie die Frühlingszwiebel durch das weiße Segment hindurch bis auf 2–3 cm ab. Die Basis dieses Abschnitts trägt die Wurzeln. (a)
2. Befüllen Sie den Boden eines Glases oder einer Schüssel 2–3 cm hoch mit Kieselsteinen.
3. Füllen Sie den Behälter etwa 4–5 cm hoch mit Wasser, sodass die Steine bedeckt sind.

4. Stecken Sie die Frühlingszwiebeln mit den Wurzeln nach unten zwischen die Kieselsteine, sie sollten etwa mit der Hälfte ihrer Länge im Wasser stehen. b

5. Stellen Sie den Behälter an einen Ort mit hellem, aber indirektem Licht. Je mehr Licht die Zwiebeln bekommen, desto länger hält ihr Wachstum an.

6. Wechseln Sie das Wasser alle paar Tage aus.

Schon gewusst?

Im US-amerikanischen Sezessionskrieg (1861–1865) ließ der Unionsgeneral Ulysses S. Grant seine Regierung wissen: „Ohne Zwiebeln geht meine Armee nirgendwohin!" Die Versorgung der Truppen war schwierig, aber gerade Zwiebeln waren sowohl für medizinische Zwecke als auch zum Essen begehrt.

Ernten und wachsen lassen!

Schneiden Sie die jungen, grünen Blätter als Dekoration für Suppen oder Sandwiches ab, oder mischen Sie sie unter Salate.

Die bewurzelten Frühlingszwiebeln halten länger, wenn sie in Blumenerde oder in den Garten gepflanzt werden. Da sie bei kühlem Wetter am besten wachsen, werden sie im Frühling oder Herbst ausgepflanzt.

FENCHEL

Fenchel ist mit seinem lakritzartigen Aroma ein Bestandteil vieler mediterraner Rezepte. Die ganze Pflanze ist essbar, inklusive Blüten und Samen, Letztere landen im Gewürzregal. Beim Kochen mit frischem Fenchel werden die farnartigen Blätter und der knackige Blattgrund – der weiße Anteil – genutzt.

Fenchel wächst ähnlich wie Staudensellerie, bei beiden ist die wachsende Sprossspitze von den modifizierten Blattstielen eingehüllt, die wir essen.

Bei dieser aufgeschnittenen Fenchelknolle ist im Zentrum der Blätter der verdickte Spross zu erkennen.

Kaufen Sie nur Fenchelknollen mit intakter Basis, nur diese wachsen wieder nach. Wenn Sie nicht mit Fenchel kochen, gibt es trotzdem einen guten Grund, ihn zu kultivieren: Die nachwachsende Pflanze sieht außerordentlich hübsch aus.

Fenchel nachwachsen lassen

Sie brauchen ein Glas oder eine Schüssel, ein scharfes Messer und Alkohol. Zahnstocher sind hilfreich.

1. Schneiden Sie die Knolle in etwa 5 cm Höhe waagerecht durch. (a)
2. Füllen Sie so viel Wasser ins Glas oder in die Schüssel, dass die untere Hälfte der Knolle bedeckt ist, also etwa 2–3 cm. Mit Zahnstochern können Sie die Knolle gegebenenfalls fixieren.
3. Stellen Sie die Knolle in den Behälter – Zahnstocher werden ungefähr in die Mitte der Knolle gesteckt. Achten Sie darauf, dass die Knolle wirklich nicht tiefer als 2–3 cm ins Wasser eintaucht. (b)
4. Stellen Sie Glas oder Schüssel an einen Ort mit hellem, indirektem Licht. Je mehr Licht sie bekommt, desto länger hält die Knolle und desto mehr Blätter können Sie ernten.
5. Wechseln Sie alle paar Tage das Wasser.

Sobald der Sellerie Wurzeln gezogen hat, setzen Sie ihn in einem Topf oder im Freien in Erde ein.

Ernten und wachsen lassen!

Wenn Sie die farnartigen Blätter gegenüber den härteren unteren Teilen bevorzugen, lassen Sie die Knolle intakt, sie wächst weiter.

Sobald sich neue Wurzeln entwickelt haben oder Sprosse austreiben, kann Fenchel in Erde umgepflanzt werden. Lassen Sie die Sprosse zunächst 1–2 cm aus der Erde ragen, sobald sich drei oder vier Blätter gebildet haben, wird die Knolle ganz mit Erde bedeckt.

Auch Fenchel wird schlussendlich blühen und Samen bilden, die Sie zum Würzen nutzen können. Fenchel kann von anderen Doldengewächsen, wie Möhren oder Dill, bestäubt werden. Sollten diese zur gleichen Zeit blühen, können sich Samen entwickeln, die nicht keimen. Diese können jedoch als Gewürz verwendet werden.

Schon gewusst?

Das griechische Wort für Fenchel ist *máratho*. Die griechische Stadt Marathon südlich von Athen ist nach Fenchelfeldern benannt, und die Stadt gab wiederum dem Marathonlauf seinen Namen. Nach einer Überlieferung lief im Jahre 490 v. Chr. Pheidippides von Marathon nach Athen, um den Sieg der griechischen Armee über die Perser zu verkünden.

Praxistipp

Fenchel mag wasserdurchlässigen, fast trockenen Boden. Lassen Sie im Topf oder Garten den Boden erst austrocknen, bevor Sie wieder gießen.

Abgeschnittene Kräuter in Wasser Wurzeln ziehen zu lassen, ist einfach!

STECKLINGE VON GEWÜRZKRÄUTERN

Die Stecklinge oder Schnittlinge von Gewürzkräutern bewurzeln sich in Wasser sehr leicht. Als Schnittling wird ein mindestens 10–15 cm langer Abschnitt eines Sprosses bezeichnet, mit dem wachsenden Zentrum, ein paar Blättern und einem freien Stängelabschnitt unten. Wählen Sie einen Sprossabschnitt aus, der nicht blüht. Wenn Sie die Stecklinge im Garten schneiden, sind dafür Frühling und Frühsommer der ideale Zeitpunkt, denn dann bilden die Pflanzen viele junge Triebe. Falls Ihr Ausgangsmaterial Gewürzkräuter aus dem Handel sind, suchen Sie nach Exemplaren mit sauberen Stängeln. Schleimige Stängel sind weder in der Küche noch zum Nachwachsen geeignet.

Die Vorgehensweise ist bei allen Kräuter dieselbe. Die folgenden Pflanzen wachsen bereitwillig nach:

- Basilikum
- Koriander
- Zitronenmelisse
- Minze
- Oregano
- Petersilie
- Salbei
- Thymian

Stecklinge nachwachsen lassen

Sie brauchen ein sauberes Glas, um das Wurzelwachstum zu verfolgen, sauberes Wasser, ein sauberes Tuch, eine Garten- oder Küchenschere sowie Lysol® oder Isopropylalkohol.

Praxistipp

Wenn Sie regelmäßig Stecklinge abnehmen und bewurzeln, reicht der Vorrat an Basilikum einen ganzen Sommer. Ist die Pflanze einige Wochen im Freien gewachsen, schneiden Sie die Spitze ab. Dann im Zimmer Wurzeln bilden lassen.

a

1. Waschen Sie das für die Bewurzelung bestimmte Glas sauber aus, und trocknen Sie es mit einem sauberen Tuch ab. Sauberkeit ist beim Vorgehen generell wichtig, das Glas darf weder Bakterien noch Pilze enthalten, damit die Wurzeln nicht faulen.
2. Füllen Sie Wasser in Raumtemperatur ein. Sollte das Wasser, das Sie verwenden, chloriert sein, lassen Sie es einige Tage abgedeckt stehen, bevor Sie es einfüllen.
3. Desinfizieren Sie die Schere mit Lysol® oder Isopropylalkohol.
4. Schneiden Sie die unteren Blätter direkt am Stängel ab, sodass etwa 5–8 cm des Stängels blattlos sind. (a)

Schon gewusst?

Wenn Sie in einem Rezept für indische Gerichte die Zutat „Cilantro“ finden, dann sind damit frische Korianderblätter gemeint.

5. Halten Sie den Steckling unter fließendes Wasser, und schneiden Sie ihn unten ab. Die frische Schnittfläche ist wichtig für die Wurzelbildung.
6. Stellen Sie den Steckling danach sofort ins Wasser. (b)
7. Stellen Sie das Glas in helles Licht, aber nicht in die Nachmittagssonne.
8. Wechseln Sie alle paar Tage das Wasser aus, damit sich keine Bakterien und Pilze entwickeln können.

Ernten und wachsen lassen!

Stecklinge von Gewürzkräutern bilden bereitwillig neue Wurzeln, es dauert allerdings je nach Art unterschiedlich lange. Bei manchen Arten zeigen sich die Wurzeln schon nach vier bis fünf Tagen, bei anderen vergehen bis zu zwei Wochen. Weiche Sprosse bewurzeln sich gewöhnlich schneller als die verholzten Stecklinge von Rosmarin oder Salbei.

In Kapitel 1 wurde bereits erklärt, dass es sowohl ein- und zweijährige Kräuter, wie Koriander, Basilikum und Petersilie, als auch mehrjährige gibt, wie Minze, Salbei und Rosmarin. Achten Sie darauf, zu welchem Typ der Steckling gehört, den Sie bewurzeln wollen, damit Sie wissen, was Sie erwartet.

Um möglichst viele Blätter an Ihren Gewürzkräutern zu erhalten, sollten Sie die Pflanzen ins Freie oder zumindest in Blumenerde pflanzen. Sobald sich die neuen Blätter bilden, können Sie mit der Ernte beginnen.

Irgendwann werden einjährige Kräuter blühen und Samen bilden. Dann wartet auf sie der Komposthaufen. Mehrjährige Kräuter wachsen weiter. Sie gehen zwar möglicherweise in Winterruhe, treiben im Frühling aber wieder neu aus. Alle Kräuter gedeihen gut in voller Sonne.

In hellem Licht wächst Basilikum auch im Zimmer.

Praxistipp

Kräuter brauchen viel Licht, daher sollten Sie für eine dauerhafte Zimmerkultur über spezielles künstliches Licht für Ihre Pflanzen nachdenken. Andernfalls stellen Sie nach dem Umtopfen den Topf auf eine sonnige Fensterbank, und ernten Sie, solange es möglich ist. Vom Rest nehmen Sie Stecklinge ab, die Sie neu bewurzeln. Gewürzkräuter, die Sie im Sommer umgetopft haben, werden nach einer gewissen Zeit in den Garten umgepflanzt. Dabei lohnt es sich immer, die Pflanzen vorher abzuhärten: Stellen Sie den Topf für einige Tage an eine halbschattige, windgeschützte Stelle.

Beim Kauf einer Ananas erhalten Sie sowohl die Frucht als auch eine potenzielle neue Pflanze aus dem Blattschopf.

ANANAS

Das Nachwachsenlassen einer Ananas gilt als die ganz hohe Schule der Zimmergärtnerei. Wenn Ihnen das gelungen ist, haben Sie Ihr Können meisterhaft unter Beweis gestellt. Dementsprechend ist es gut möglich, dass Sie mit einigen Fehlversuchen werden leben müssen. Lassen Sie sich aber nicht entmutigen, sondern versuchen Sie es weiter!

Bei der Ananas kommt es darauf an, die gesamte Pflanze neu zu bewurzeln. Ananas gehört zu den Bromeliengewächsen. Viele dieser Arten bilden Ableger in den Blattachseln, wenn die Mutterpflanze blüht. Die Ananas-„Frucht", die wir essen, wird von der fleischigen Achse und den miteinander verwachsenen Früchten des Blütenstands gebildet und von einem Blattschopf gekrönt. Aus diesem Blattschopf kann eine neue Pflanze nachwachsen. Bis zur Blüte und der Bildung einer neuen Frucht können jedoch mehrere Jahre vergehen.

Die Kultivierung von Ananas benötigt viel Einsatz, aber es ist ein großartiges Gefühl, auf eine kleine Ananas zu zeigen und zu sagen: „Die habe ich selbst kultiviert!"

Ananas nachwachsen lassen

Sie brauchen ein scharfes Messer, ein Glas, Zahnstocher, Blumenerde, einen Blumentopf mit 20–30 cm Durchmesser und eine Gießkanne.

1. Umfassen Sie den Blattschopf nahe der Frucht mit einer Hand, und halten Sie mit der anderen Hand die Basis der Frucht fest. (a)
2. Ziehen Sie den Blattschopf mit einer Drehbewegung von der Frucht ab.
3. Entfernen Sie die Blätter vom unteren Drittel des Blattschopfes, bis der Spross frei liegt. (b)
4. Schneiden Sie mit einem scharfen Messer 1–2 cm des Sprosses ab, und entfernen Sie anhaftende Fruchtreste.
5. Stellen Sie den Ananasspross in ein Glas mit Wasser. Sie können die Position des Blattschopfes mit einigen Zahnstochern fixieren – die Sprossbasis sollte gerade eben ins Wasser eintauchen. (c)

6. Warten Sie ab, bis sich neue Wurzeln und Blätter gebildet haben. Danach wird die Ananas vorsichtig in einen Blumentopf gepflanzt. Richten Sie sich auf eine wirklich lange Wartezeit ein, bis Sie eine essbare Frucht ernten können.

Schon gewusst?

In botanischer Hinsicht ist die Ananas ein Fruchtstand. Die Früchte sind miteinander verwachsene Beeren an einer fleischigen Blütenstandsachse.

Wachsen lassen!

Wenn sich Wurzeln an der Sprossbasis zeigen, wird die Ananas in einen Blumentopf umgepflanzt. Pflanzen Sie die Wurzeln und den unteren Sprossteil etwa 5 cm tief in die Erde. Nun können Sie auch vertrocknete Blätter entfernen.

Irgendwann wachsen neue Blätter aus dem Zentrum der Pflanze nach. Vom Abnehmen des Blattschopfes über die Bewurzelung in Wasser bis zum Umpflanzen in Erde können bis zu neun Monate vergehen. Dann dauert es noch einmal mindestens zwei Jahre, bis sich eine neue Frucht bildet. Erfreuen Sie sich in der Zwischenzeit an der wachsenden Pflanze. Im Zimmer braucht Ananas einen hellen Platz. Härten Sie die Pflanze vor dem Umstellen ins Freie ein paar Tage lang an einem geschützten, leicht schattigen Platz ab, bevor Sie sie in die Sonne stellen.

Praxistipp

Voraussetzung für eine erfolgreiche Kultivierung ist eine Ananas mit einem vitalen grünen Blattschopf. Früchte mit trockenen und welken Blättern wachsen wahrscheinlich nicht mehr nach.

Wem das Nachwachsenlassen von Ananas gelingt, der hat etwas Besonderes vorzuzeigen.

Literaturhinweise

Dieses Buch möchte Sie dazu ermuntern, eine Vielzahl von gekauften Nahrungspflanzen des täglichen Lebens nachwachsen zu lassen. Falls Sie beim Lesen und Ausprobieren Lust auf mehr bekommen haben und essbare Pflanzen im größeren Maßstab im Garten kultivieren möchten, sind zusätzliche Informationen ganz bestimmt hilfreich.

Jean-Yves Prat: *Das ABC des Gehölzschnitts.* Bassermann 2016.

Tara Nolan: *Alles über Hochbeete: Geniale Ideen vom Bau bis zur Bepflanzung.* Ulmer 2017.

Ackerhelden: *Biogärtnern für Einsteiger.* Dorling Kindersley 2016.

Marie-Luise Kreutzer: *Der Bio-Garten: Das Original.* blv 2019.

Mascha Schacht: *Garten-Basics: Gärtnern für Anfänger.* GU 2013.

Silvia Appel: *Naschbalkon für Faule.* GU 2018.

Alan Buckingham: *Der Nutzgarten: Monat für Monat richtig planen.* Dorling Kindersley 2019.

Michael Breckwoldt: *Selbstversorger-Balkon: Das Monat-für-Monat-Konzept.* blv 2017.

Maren Bustorf-Hirsch: *Selbstversorgung aus dem eigenen Garten.* Bassermann 2019.

Register

DANK

Das Verfassen von Büchern macht mir unheimlich viel Spaß. Daher danke ich Ihnen, liebe Leserin oder lieber Leser, dass Sie dieses Buch gekauft haben, und ich hoffe natürlich, dass auch Sie Spaß damit hatten!

Auf dem Weg, meine Ideen zu diesem wunderbaren Buch werden zu lassen, habe ich von vielen Menschen Hilfe bekommen. Meiner Fotografin Kirsten Boehmer ist es gelungen, selbst aus den nicht immer attraktiven Küchenabfällen großartige Fotos zu machen – ich hätte mir niemand anderen für dieses Projekt vorstellen können. Jeder Autor ist auf Lektoren angewiesen, und ich danke Alyssa Lochner und den auf das Thema spezialisierten Redakteurinnen und Redakteuren, die meinen Text in die vorliegende Form gebracht haben. Ein großer Dank gilt der künstlerischen Gestaltung, die einen großen Anteil daran hatte, dass aus einem bloßen Text das Buch wurde, das Sie jetzt – hoffentlich mit Freude – in den Händen halten. Ich habe viele Nachmittage schreibend im *Spoonfed Kitchen & Bakeshop* in Wilmington im US-Bundesstaat North Carolina verbracht. Dort wurde nicht nur meine Teetasse immer wieder nachgefüllt und meine Lieblingsmusik gespielt, sondern ich durfte auch an den Kompostsammler, um Material für meine Experimente zu holen: Kim und Matt, es sind eure Roten Beten! Auch diesmal wäre aber meine Arbeit an dem Buch nie möglich gewesen ohne die Geduld meines geliebten Mannes, der das Spülen und Kochen übernommen hat, und natürlich auch nicht ohne die Unterstützung und Liebe meiner Eltern Bob und Joy.

BILDNACHWEIS

Alle Fotos sind von Kirsten Boehmer, mit folgenden Ausnahmen:

Shutterstock, Seite 10 oben, photosync; 10 unten, Kazakova Maryia; 11, Rimma Bondarenko; 12, akiyoko; 13, Graham Corney; 15, zhekoss; 16 links, Vanitytheone; 16 rechts, sichkarenko.com; 17, lauraslens; 19, asadykov; 20 oben, Africa Studio; 20 unten, Bosnian; 27, Gary Perkin; 32, Kymme; 36, Lotus Images; 38, Swapan Photography; 39, PosiNote; 54, tamu1500; 55, marekuliasz; 59, JeepFoto; 61, tag2016; 62, Ishchuk Olena; 64, Rostovtsevayu; 65 unten, polaris50d; 72, Olya Detry; 74, Mariusz S. Jurgielewicz; 79, Garsya; 80, locrifa; 83, Cora Mueller; 85, Ivan Masiuk; 87, Swellphotography; 88, DenisNata; 89, Donald Joski; 90, Dean Stuart Jarvis; 91, tchara; 92, Anna Grigorjeva; 93, NataliaL; 94, Ilzira; 95, Catalin Petolea; 97 oben links, Aleksandar Grozdanovski; 97 oben rechts, fotocat5; 100 links, Subbotina Anna; 113 unten, Viktor1; 119, Fausta Lavagna; 120, Dmitrij Skorobogatov; 122, Norrabhudi; 123, Viktoriia Drobotova.

Illustrationen von Shutterstock/Ann Doronina und Shutterstock/mart

ÜBER DIE AUTORIN

Katie Elzer-Peters arbeitet im Garten, seit sie laufen kann. Sie hat einen Bachelor of Science in Public Horticulture (Gartenbau) der Purdue University und einen Master of Science für Public Garden Management (Parkgestaltung) vom Longwood Graduate Program der Longwood Gardens und der University of Delaware.

Nach ihrem Studium arbeitete Katie als Gärtnerin, Garten-, Ausbildungs- und Entwicklungsleiterin sowie Managerin von Botanischen Gärten überall in den Vereinigten Staaten. Katie hat acht weitere Bücher für Cool Springs Press geschrieben, darunter *Beginner's Illustrated Guide to Gardening: Techniques to Help You Get Started; Miniature Gardens: Design and create miniature fairy gardens, dish gardens, terrariums and more – indoors and out; Mid-Atlantic Gardener's Handbook*. Darüber hinaus hat sie fünf Bücher über Gemüsegärten verfasst und war als Ghostwriter und Herausgeberin an Dutzenden weiteren Gartenbüchern beteiligt. Außerdem arbeitet sie als leitende Herausgeberin für *The Designer*, eine vierteljährliche Zeitschrift der Association of Professional Landscape Designers.

Katie lebt mit ihrem Mann und ihren Hunden in der Küstenstadt Wilmington im US-Bundesstaat North Carolina. Dort betreibt sie auch *The Garden of Words*, LLC, ihre Marketing- und PR-Firma, die sich auf Klienten aus der Gartenindustrie spezialisiert hat.